教 師 の 四 季
生徒と共に創る人生

名 越 清 家
NAGOSHI Kiyoka

三恵社

はじめに

　教師という仕事とは何か。教職に就いて「教師人生」を送ることの「生き甲斐」・「やり甲斐」とは何か。長い「教師人生」における喜怒哀楽などは、主観的な側面が強いがゆえに人それぞれであり、したがって、一括りにして論じることは難しい。

　この小著では、教員志望者の学生や教員志望だが教師になることに戸惑い・躊躇している学生たち、また、すでに教職について日々教育実践に取り組んでいる教師の皆さん、そして、すでに教職生活を終えた元教師の皆さんにとって、改めて、教師・教職の「生き甲斐・やり甲斐」とは何か、という問題について、元教員の皆さんの体験を基軸に据えながら考えてみたいと思います。また、小著は、そのような体験的教職論・体験的「教員生活」論が主軸となっていますが、これからの社会の理想的な在り方を見据えた場合には、政治の在り方だけではなく、学校教育や教師への期待も大きく、かつ重くなってきたように思われるので、そのような社会的役割期待をめぐる「やり甲斐」についても「体験的教員生活論」を踏まえながら検討し、提案しています。

　学生たちにとっては、「教職のマイナス面ばかりが過剰に指摘される」現状の中で、確信をもって、かつ志をもって目指せるものとして、また、現職の教師の皆さんにとっては、教職の道を選んだことへの後悔ではなく、探究と挑戦によって魅力的な道が拓かれ、やり甲斐のある創造的で個性的な職業生活となることへの自覚と意欲を高めるものとしてこの小著が読まれることを期待しています。また、教職を去り、教師という仕事や「職業としての教職」をその人なりに客観的・相対的・自省的に考えることのできる元教師の皆さんにとっては、それなりの苦労はあったとしても、自己の職業生活を有意義で肯定的にものとして再認識できるものとなり、更に、その体験から滲み出る「想い」が教員志望者や若い教員の皆さんの背中を押す「応援メッセージ」になればという願いもあります。

　教員養成大学で主に教育社会学の視点から「教師研究」をしてきたこと。教師を目指す学生たちの教育に携わってきたこと。そして多くの優れた教師や校長などの管理職の皆さんと交流し、共同研究などをしてきたこと。本書では、それら

の経験とそこから得た知見なども踏まえながら、これまでの体験的な「教師の軌跡」を辿り、貴重な体験談にも耳を傾けながら、「教師の四季—生徒と共に創る人生—」を考察したいと思います。

　この小著は、多忙・体調不良など色々な事情を抱えている方々のご理解とご協力を得ながらまとめたものです。改めてこの場をお借りして深く感謝申し上げます。

　また、生徒の保護者の皆さんや地域の人々が、本書で紹介したような教職経験者の「喜怒哀楽」などの心の内面に触れることによって、「学校・教師に対する理解」が深まり、「地域の中の学校」がより協同的・共創的になる可能性が高まることも期待しています。

　　　　2023年8月　「コロナ禍」の猛暑の中で

　　　　　　　　　　　　　　　名越　清家

教師の四季
—生徒と共に創る人生—

目　次

＜序章＞

本書の問題意識・内容と方法

1．本書の問題意識と内容

　本書の特徴は、「はじめに」のところで少し触れたように、教職生活をすでに終えた「元教員」の先生方や管理職としての現職の校長先生や現職の教育長などの体験的「教員生活」論が中心的な資料となっていることです。

　主な「内容は」は、これまで多く著されてきた「教師の教育実践」だけを紹介したものではなく、人間としての教師の「生き方」(喜怒哀楽など)にも焦点を当てながら、「教職生活」全般を視野に入れたものになっています。教師は、大枠としての制度・組織・システムに組み入れられており、それらから完全に独立した存在ではありえませんが、本書で主に取り上げて考察しようとしているのは、「教員の生活世界」(教員の主観的意味世界)です。換言すれば、教師が直接・間接に体験し感じることのできる主観的な「生活世界」に焦点を当てようとしています。外からは観えない「教員生活」の深層を探ってみたいという思いもあります。そのような想いの中で、狭義の「教育実践」だけではなく、「職業としての教師」の本質・現実(実態)・「やり甲斐」・「楽しさ」などを教師の感受してきた実態(主観的な生活世界)を踏まえながら再考してみたいと思っています。本書のタイトルを『教師の四季—生徒と共に創る人生』としたのは、「狭義の教育実践」ではなく、「春夏秋冬の一年」を色々な想いをもって生きる人間教師としての喜怒哀楽を含む教員生活全般を描きたかったことにあります。また、サブタイトルについては、「生徒と共に創る」ということにこそ「教師の生き甲斐」があるのではないかという仮説に基づいています。

　教育研究者・教師研究者としての最後の仕事として、そのような課題に取り組みたいと思ってはきましたが、年齢や体調面もあって諦めかけていました。しかし、最近の「教職の現状をめぐる評価」が「マイナス面」の強調に傾斜しすぎて、「若い教職志望者」が減少傾向にあるという報道に対する危惧がこのような課題に早急に取り組まなければならないと思ったことが動機となりました。

　「団塊世代の大量退職」・「少子化現象」・「職業の多様化の進展による若者の職業選択の拡大」・「教員養成学部の定員減」・「地域特性による違い」などの背景にはあまり踏み込まずに、「教員志望者の志願倍率の低下」・「教師の多忙化・長時

間労働化の強調」・「精神疾患による休職や退職の増加」などがメディアなどでも取り上げられ、教師を志す若い学生たちに不安と戸惑いを生み出している。

　教師の労働条件などは、「教員生活」を充実させ、教育実践を実り多きものとするための重要な要件であることは改めて指摘することもないほど常識的なことである。そのような職場条件・環境をより良い方向に整備していくのは政治・教育行政・学校管理者などの役割である。問題が多ければ改善するほかないし、そのような努力が求められるのは当然のことである。たやすい問題でないかもしれないが、「教職の仕事や魅力」の本質的な問題ではなく、永久に解決できない問題でもない。当然のことながら、労働条件の問題点や改善などについてメディアなどが指摘すること自体を否定しているわけではない。そのような発言の持つ社会的影響力を視野に入れた慎重かつ具体的な提言になっているかどうかが問題となる。重要な問題の一つは、そのようなことが過度に強調されることによって、教師を目指そうとする有為な若い人材がその志を頓挫させてしまうことである。新聞の投書欄などにも「そのような不安・戸惑い」が散見されるようになった。

　本書の重要な問題意識の一つとして、そのような一時的な現象に惑わされて「志を捨てる」ことなく、長い職業生活や人生を見据えた総合的で冷静な判断の下に「教職の魅力・やり甲斐」を追究して後悔のない選択をして欲しいということを挙げました。

　37 の職業体験した水上勉は、「挫折ばかりしてきた男の暦も小さな標(しるべ)になれば」という願いを込めて、若者たちに対して「自分がどんな職業に向いているのか、満足できるのか見極めてほしい。心のことだから」と、目の前の一時的な現象に振り回されることなく、自分と深く向き合って職業を選ぶべきだという主旨を含めて助言している。(水上勉『働くことと生きること』集英社文庫1982 年)。傾聴に値する言葉であろう。

　本書は、そのようなことに留まらず、「教師の四季—生徒と共に創る人生」を著すことで「教師人生」に光を当て、その「魅力・やり甲斐・生き甲斐・楽しさなど」を現職の教師や退職教師をはじめ、後に続く後輩教師たちに書き残したいという私なりの強い想いがありました。そのような問題意識の原点(基底)には、次に紹介するような素朴で体験的な「教師への私的な想い」(短歌として表現)があります。

　小学生時代の私の恩師(女教師)は、私の人生・人間形成の初期においてかけがえのない存在でした。短歌は、全くの素人が詠んだ拙いものですが、六年間もお世話になった先生への感謝の気持ちを込めて詠んだものの一部です。教職への道に進むことに不安と戸惑いを抱いている学生たちや若い先生方に少しでも背中を押すものになればと思い、恥ずかしながら載せてみました。

亡き恩師に捧げる短歌
　　　*母逝った
　　　　　小学三年の三学期
　　　　　　　「よく頑張ったね」と通知表を渡されて
　　　*褒められて
　　　　　自信が湧いた　小学校の
　　　　　　　恩師の一言 今も脳裏に焼きついて
　　　*年老いた
　　　　　恩師への感謝の言葉
　　　　　　　手紙にしたため　「旅立つ」前に

　　　　　　　(拙著『短歌集・放浪する我が心の旅路』第二集 2020 年より)

　これまで述べてきたような問題意識の下に、実際に学校教育の世界で活躍してこられた先生方に体験的「教職論」である「私の教員生活」を、また、最後のところでは元教育長に「悩んでいる若い人へ」というメッセージも綴っていただきました。それぞれの「事例」のタイトルは、「私の教員生活」(「その一」から「その九」まで)に統一させてもらい、了解を得た上で、サブタイトルや「小見出し」も、筆者に付けさせてもらいました。読みやすさを筆者なりに考慮した結果です。「まえがき」のところでも書きましたように、教職を目指す若い学生たちだけではなく、若手・中堅教員から校長や退職教員の先生方にも参考になるものを目指して考察したつもりです。また、この本が保護者や地域住民にも読んでもらえる機会があれば、学校や教師に対する理解も深まり、学校・教師との協働的(共創的)関係が期待できるのではないかと考えています。

２．本書の「事例調査」の方法

　本書の「事例調査」の方法は、「教員生活」を終えた元教員、定年が真近の教員、現職の校長、定年退職した後の現職の教育長などに対して「作文アンケート」(自由記述)のような形式で実施したものです。質問紙調査の中の簡単な自由記述欄のようなものではなく、調査の主旨を伝えた上で、「私の教員生活」というテーマで体験に基づいた論述を求めました。

　形式(字数や枚数など)は、全体の紙数の関係から、一定の範囲以内にまとめて書いてもらうことを求めました。全体のバランスを考慮して少し調整することがあるかもしれないという了解を得た上で、形式には特にこだわらずに書いてもらうことにしました。字数(枚数)に違いがあるのはそのためです。原稿の提出や調整などのやり取りは、基本的にはパソコンメールでしましたが、相手の都合により手紙等の郵便でも行いました。

　細かい質問項目を決めての「自由記述」を求めなかったのは、「私の教員生活」というテーマでイメージされる各自の想いを自由に書いてもらった方が、それぞれの回答者が本当に書きたいことを表現しやすいのではないかと考えたからです。具体的な個人名・学校名・地域名を出さずに書いてもらったのもそのためです。ご回答いただいた論稿を読ませてもらって、その試みはそれなりに成功したように思います。

　調査対象者は、統計的な調査ではなく事例的な調査であるのと、各人の記述量が多いために少人数に絞った。その際特に留意した点は、調査対象者がなるべく偏らないようにすることであった。一個人が実施する調査なので限界があるのは十分承知した上で、筆者なりに出来る限りの配慮はしたつもりである。

　主な配慮点は、対象者を小学校・中学校・高校の教職経験者としたこと。対象地域を一地域に限定せず、関東・関西・北陸から選んだこと。なるべく異なった経歴・経験をしてきたと思われる男女の元教員(現職の校長や教育長を含む)の先生方に依頼したことである。厳密に言えば、経歴・経験は十人十色であると思われるが、今回は、種々の制約もあり、そのような配慮の下に実施しました。当然のことながら、筆者の主観的判断の要素は避けられませんが、本書の主旨からす

ればそれほど問題はないと思っています。何故なら、読者にとって事例の一人の
「生き方」(教員生活)に共感・感動するものがあれば、本書の目的は達成された
と考えるからです。

　蛇足であることを承知しつつあえて付言すれば、アンケートを用いた数量調査
では、データが正確なランダムサンプリングを通して収集されていれば、対象と
なる社会や組織を偏りなく俯瞰することには適しているが、短い時間で答えるア
ンケートに現れる事実や意識は表層的なものが多い。また、データが母集団から
ランダムに選ばれたとしても、回収率は 100%ではないから、集められたアン
ケート結果にはかなりの偏りが観られるのが普通である。社会学的調査の限界と
もいえるが、今回の聞き取りに近い「質的調査」にも先に指摘したような限界を
承知した上で、他の資料や知見を出来る範囲で取り入れた多角的視点から問題
(課題)の本質に迫る努力をしていきたい。

＜第二章＞

体験的「私の教員生活」の事例

「私の教員生活」その一 —誰もが居心地の良い学校に—

私の「学校体験」と教師への道

　私は、地元の国立大学教育学部の中学校教員養成課程を卒業し、県外の公立中学の教員として 23 歳から 65 歳までの 42 年間勤めました。学生時代は色々なことに積極的に関わり、自ら考え学ぶことも多く、卒業時には教師になることにとても前向きな志を持っていたように思います。そのことは、私自身の人生における一大転機であり、それまでの私の「学校体験」からすると考えにくいものでした。私は「学校大好き」生徒というより「学校嫌い」の「不登校」生徒の時期があったからです。

　「私の教員生活」を振り返って何かを書き残すとすれば、その「不登校体験」を抜きにしては語れないと思いますので、先ずそのことから書かせてもらいたいと思います。

中学校で「不登校」生徒だった私が何故中学校の教師に

「原点」としての「不登校」体験

　私は、中学二年の三学期から中三の夏休み明けまで学校に行きませんでした。今から五十年以上も前のことです。当時は不登校という言葉も一般的ではなく、単なるサボりと受け取られていました。前日の夜は何ともなくても、朝になると腹痛でとても学校に行けなくなりました。学校を休む連絡を入れたとたん不思議なことに痛みが治まり何とも引っ込みのつかない事態になる毎日でした。病院で診てもらっても異常はなく、校医からは「サボりだ、校長にそのように報告するぞ」と脅されました。

　こうした中、たまたま受診した病院で「お前は病気だから、今すぐ入院するように」と言われ、入院させてもらうことが出来ました。入院したのは外科の病棟で、交通事故で怪我した年上のお兄さんばかりの病室でした。連日馬鹿話などに花を咲かせ、私なりに楽しいひとときを過ごしました。私は「胃拡張」という病名で内科の患者となりました。そのうち、隣に中学の数学の先生が入院してきました。最初は緊張しましたが、先生も人間、あっという間に馬鹿話の仲間入り、

夜になるとみんなで店屋物を食べたりして楽しい入院生活を送ることが出来ました。

　今になって考えると、内科の患者を外科の病棟に入れたり、わざわざ中学の先生を隣のベッドに入院させたりと配慮してくれたこのお医者さんのお陰だったように思います。そのような配慮もあって私は「不登校」から抜け出すことが出来ました。今でもとても感謝しています。この入院で、私はサボりではなく病気だったのだという大義名分が成り立ち、心に安定が生まれたように思います。

　私の「不登校」の引き金は、熱心な数学の担任が出してくれた課題に対応できなくなったことです。外面を気にする私にとって、出された課題はすべてクリアーしないといけないとの脅迫観念がありました。「テスト問題」などを解かせることにとても熱心な先生で、出した数学のプリントを達成できた生徒には、次々と新たなプリントを与えて解くようにし向けました。先生の期待に応えようと必死にプリントをやりましたが、やり遂げても次々新たなプリントが出てきて、ついにしんどくなって出来なくなりました。これが不登校の引き金だったと今になって思います。

「不登校」の克服と「学校文化」への違和感

　七月に退院した夏休み中に、「自分の中で出来ないものはしょうがない」「自分は自分だ」と考え、「ありのままで背伸びするのをやめよう」と突然思い至ることが出来ました。それ以降は、嫌なことがあると逃げるように学校を休むことは少なくなり、自分自身にそれなりに自信を持って行動することが出来るようになったと思います。私にとって悲しく辛い体験でもありましたが、このような「不登校の体験」がその後の生き方に大きな力を与えてくれたように思います。

　それでも、私にとって学校は居心地の悪い場所でした。それは、競争させられ比べられる場所だと強く感じたからです。テストの点数だけでなく、スポーツなどあらゆることが競争になっているように感じました。私の経験した地元の中学校では毎回のテスト順位を廊下に貼りだして競争を煽っていました。補習授業では、クラスと席はテストの成績順に座らされました。

　不登校になった私にとって学校に居場所がないなぁと思ったのは、こうした競争と、学校ではスポーツなどで活躍する「声の大きな子ども」が牛耳る傾向が

あったことです。教師も学級運営上、これらの「声の大きな子ども」を優遇する傾向がありました。こうした雰囲気に馴染めず違和感を持った私は、学校は嫌なところだなとずっと思っていました。特に中学校は「選別前夜」と言われ、今後の人生が高校入試で決するかのような位置づけがされていたように思いました。子どもにとっても保護者にとっても大きなプレッシャーの中で生活するのが中学校なんだと感じていました。

「学校体験」から「教職の道」へ

　これまで記述してきたように、私の「学校体験」は私の個人的な価値観に基づいた「反学校的」なものでした。当然のことながら、子どもや親たちの中には多様な価値観に基づいた多様な学校観も存在し、「向学校」的な意識で学校生活を送った生徒たちや親たちもいたと思います。

　しかし、私自身が体験したように、「競争的」な学校文化に違和感をもち、反発し、不適応状態に陥ってしまう生徒たちがいることも事実だと思います。そのような生徒たちに「私と同じ思いはさせたくないという想い」が私の「教員生活」の原点にあります。何とか注目されない子どもにスポットを当てたい、学校が嫌な子には、「私も学校が嫌だった。無理して好きにならなくてもいいよ」と、私の経験を伝えてきました。だからこそ、私の教員人生の後半での支援学級担当時代は、私にとって本当にやり甲斐のある日々でした。それなりの困難にも遭遇しましたが、何とか支援学級の子どもたちが疎外されないように取り組んでこれたのは、そこに教師としての「生き甲斐」を感じることができたからだと思います。

　支援学級の担任もしながら、「特別支援コーディネーター」として、発達に課題がある子の全般の支援に取り組むことが出来たのも、大変なこともありましたが、教師としての視野を広げ、私自身の教師としての成長にとっても良い機会を与えられたのではないかと思います。

　紙数が限られる中で、「私の教員生活」というテーマで私らしい何かを書くとすれば、「支援学級」に深く関わった時期に焦点を当てるのが適当だと考えました。そこで、以下では、私が試みてきた「教育実践の事例」について二例だけ取り上げてみたいと思います。

「支援学級」の「問題児」との格闘の日々―「生徒の変容」

　支援学級には本人の発達課題だけでなく、保護者にも課題のある家庭がしばしば有り、県や市の福祉部門や病院と連携した対応をしなければならないケースもありましたが、ここでは、「私と生徒との交流」を中心にした実践事例を報告してみたいと思います。

実践事例①―反抗的・暴力的で「書くこと」などに課題のあるA君の場合―

　毎年二月には小学校から中学の支援学級に入学する子どもの引継をします。この年は、小学校の担当者から、「今回中学校の支援学級に入学する子は、校内ナンバーワンとナンバーツーのワルの問題児で、半端ないワルです」と言われました。発達に課題があって反社会的行動を起こす事例もありますが、小学校全体でのワル１，２と言われたのには参りました。学校の担当者が「ワルの問題児で、半端ないワルです」という表現を使っていることに違和感を持ちましたが、教育・指導の難しさを予感しながら、こちらも覚悟を決めて入学の対応をしました。

　「ワルナンバーワン」と称されたA君は、とにかく自己肯定感が低くて、反抗的。特に教師に反発して激しく怒ることが多く、粗暴で気にくわないと直ぐに暴力を振るうという申し送りがありました。支援学級に在籍していることを恥だと思っており、「俺は障がい者じゃない」と主張。入り込みによる支援も拒否。書くことに課題があり、文を綴ることが苦手。小学校時代に「暴力的に脅すことでごまかしてきたこと」が次第にまわりに可視化されるようになり、批判や叱責などの厳しい環境に置かれ、いたたまれなくなり一年生の七月に不登校になりました。

　何とか信頼関係を築こうと努力しましたが、閉ざした心は閉まったまま。家庭訪問を繰り返し、母親と連携をはかろうとするも、本人に振り回され暴力も受けることが有り、母親も心を閉ざし、仕事を理由に連携がとれませんでした。それでも、毎週一度の家庭訪問を繰り返す中で、本人とも何とか対面することが出来るようになりました。心配した同級生の手紙を持参したのが良かったのかもしれません。支援学級の時間割にA君の時間割をとって、毎週決まった時間に家庭訪問して、対話を深めていきました。私自身の「不登校体験」も役に立ち、関係改善に効果があったように思います。学校の様子を話したり、時事問題に触れたり

しながら信頼関係を築くことが出来たように思います。上から目線ではなく、教師自身も人間的な弱みをある程度さらけ出しながら生徒に寄り添い、愛情を持って真摯に対応していくことの重要性を再認識することができました。未熟な部分を自覚しつつも、「教師になってよかった！」と思えることもできました。

　二年生の夏ごろからは週に一時間だけ私と社会の勉強をすることで、支援学級ではない部屋に登校して勉強するようになりました。A君は歴史が好きで、社会問題に関心があったので、私が社会科の教員だったのも幸いして個別授業をすることが出来ました。書くことに困難はありましたが、読むことや話すことは問題なく、社会問題には、彼なりの正義感を示してこうすべきだと意見も述べるようにもなりました。授業はA君の負担のない範囲で行い、機能訓練も取り混ぜながらしました。三年からは授業時間を二時間に増やして、地理も歴史も公民もすべて履修させることが出来ました。

　そのようなA君なりの努力が実ったのか、卒業後の進路は、ある専修学校に入ることが出来ました。入学試験が作文だったので、書くことに苦手意識が強かったので大変のようでしたが、二年間教室には入れない時期があったにもかかわらず、学校に通って社会科を履修出来たことの自信が彼を成長させたのではないかと思っています。彼との個人授業は大変でしたが、私に、彼なりの意見をしっかり述べてくれたので、私にとっても楽しい時間でした。

　このような経験を通して思ったことは、小学校時代に粗暴で恐れられたのは、彼なりの防衛反応で必死に虚勢を張っていたのではないか、ということです。小学校時代の暴力・暴言問題の顛末も、彼なりの考え・自己主張があったのではないかと思います。生徒と真摯に向き合い、きちんと子どもの言い分を聞き取り、想像力も働かせながら子ども一人ひとりを理解していく力の大切さを実感しました。

　A君との交流を通して私自身も成長できたのではないかと思います。

実践事例②―粗暴で「読むこと」などに課題のあるB君の場合―

　B君は小学時代、落ち着きがなく粗暴で、小学校の近くのスーパーに学校で買い出しに行ったとき、商品を勝手に開けて散らかし騒ぎ回ったので、スーパーから学校が出入り禁止になったと言われて入学しました。

　Ｂ君もＡ君と同じく「俺は障がい者じゃない」と支援学級に差別意識を強く持っていて拒絶反応を示していました。読むことに課題があって、ディスレクティア(一般的な理解能力などに特に異常がないにもかかわらず、文字の読み書きに著しい困難を抱える障害)です。本読みをさせると行が重なりうまく読めず、適切に文節で区切ることが出来ず、一語一語をただ発音しているだけになり、文の意味は理解できません。性格は明るく陽気で人気者。勉強が出来ないことを、笑いを取ることでごまかしていました。サッカー部に入り三年間頑張りましたが、１人で電車やバス移動は出来ません。駅名が読めず、いくらの切符を買うのかわからず、友達の真似をして何とか過ごしてきました。

　通常の授業は苦痛のようであり、彼なりに何で支援学級なんだという思いも強く、他の支援学級生徒との交流は積極的ではありませんでした。授業への集中力が続かないので、時折卓球をしたり、手品に挑戦させたりして何とか授業を進めました。

　そんなＢ君でしたが、三年生のとき自ら文化祭のクラス劇の主役に立候補して当選しました。大喜びしたのですが大変だったのはせりふの暗記です。まず、台本が読めないので、友達が何度も読んであげて、何とか本番までに覚えることが出来ました。途中、プレッシャーで逃げ出すこともありましたが、相手役の女子生徒が暗記カードを手作りして何度も教え込むなどクラスをあげての支援で何とか大役をこなすことが出来ました。

　Ｂ君は友達の力も借りて、友達の中で育った良い事例だと思います。友達の力はすごいものがあると実感しました。学校・学級は、「育ち合う関係」が出来ているかどうかが基本的に重要であることを再認識した事例でもありました。

　Ｂ君との信頼関係を築く中で、問題視された「小学校時代のスーパーでの事件」の顚末も明らかになりました。Ｂ君が言うには、「他の子がやっていておもしろそうなので後から参加して最後までやっていて叱られた」ということだそうです。彼の行動を観ていると、おもしろそうなことに、後になって参加して、最後に１人だけ叱られるパターンが多いように思いました。

　実践事例①の最後のところで自省的に指摘したように、Ｂ君の事例も「生徒理解」の洞察力と教師としての信念「子どもの発達する可能性を信じること」に基づいた教育実践力が求められているのだと思います。そのためには、偏見を持た

ず、先ず「ありのままの生徒を無条件で丸ごと受容すること」から始めなければならないと実感しました。そのことによって、「生徒の心が教師に対して素直に開かれていく」可能性が高まるのだと確信できました。

二つの実践例から得られたもの―誰もが居心地の良い学校に―

　A君もB君も「俺は障がい者じゃない」と突っ張って生きてきたように思います。そのことは、障がい者が尊厳を持って受け入れられる社会になっていないことが主たる原因で、二人は心に「トゲトゲの武装」をしなければ生きづらかったのだと思います。

　学校教育には、人間として、社会人としてどうしても身につけなければならない基本的な能力・態度の形成が求められています。しかし、現実にはそのことすら困難な子ども・生徒たちが存在することも事実だと思います。それは本人自身の責任というよりは、周囲の無理解・偏見等によってその子ども・生徒たちを追い詰めていくのではないか、という危惧を私自身の体験を通して強くもつようになりました。

　多様な存在が共存する人間社会で先ず学校や教師に求められていることは、「誰もが居心地の良い学校」と感じられるような、それぞれの個性が出来る限り尊重され、発揮できるような「学校づくり」だと思います。私自身は、生徒としての自らの「学校体験」を踏まえ、その様な学校・学級づくりを目指して教育実践に励んできたつもりです。

　そのような使命を担う教職の現在と未来は、教師自身(管理職を含む学校の同僚や教員組合、学校を超えた個別研究グループなど)とそれらを支える教育行政や父母・地域住民の熱意と支援によって拓かれていくものだと思います。

終わりに―「私の教員生活」を支えてきたもの

　「私の教員生活」は、これまで述べてきたように、子ども・生徒としての私自身の「学校体験」が原点にあり、それが支えとなり、一貫して「楽しい人間的な繋がり」を重視するものでした。「教員生活」を振り返ってみると、「小さな山や谷あり」ということで必ずしも順調満帆な道ではありませんでしたが、「生徒と心が通わない」と強く感じたとき以外は、「教師を止めたい」と思ったことはな

かったと思います。

　「私の教員生活」に直接関係するものとは言えないと思いますが、「教員生活」を続けていく上で重要な意味・意義を持っていたのが「趣味＝スキー」の存在でした。教師になってからの 35 歳の時に始めました。子どもが小さい時は家族一緒で冬にスキーに行き家族サービィスや家族の絆を深めることもできたように思います。

　「教員生活」との関わりでいえば、2 学期末や学年末の忙しさを、「もうすぐスキーに行ける！」という「ニンジンを目の前にぶら下げて」乗り切ることができました。一面が雪に覆われた白銀の世界は何とも言えない美しさに包まれ、感動で日ごろの疲れやストレスも吹き飛びました。退職した今でも車を運転して志賀高原や白馬八方屋根に通っています。

　このように、「教員生活」にとっても、趣味を持つことは「自らを助ける」ことにもなるので私なりに大事なことだと思っています。

　また、「私の教員生活」を支え、私を教育者としてとして成長させてくれたものとしては、教員組合の存在も大きかったと思っています。特に、教師としての私を成長させてくれたと感じることできたのは、日本の組合活動の大きな特色でもある教育研究活動でした。自分たちの問題意識に基づいた自主研究的な活動は、目の前の子どもたちの課題解決を仲間の教師たちと一緒に議論しながら、お互いに教師として成長し合うものになったように思います。

　「私の教員生活」の中で特に心に残ったことについて幾つか書かせていただきましたが、「生徒と共に成長」できる教師になったことに後悔はなく、「教師になってよかった」と思える教師人生でした。

「私の教員生活」その二　—格闘の日々と光明の中で—

はじめに

　私の教員生活は、ある県の政令指定都市で始まった。公立中学校の４校を経験しましたが、それぞれの地域特性も反映されて、それぞれの学校が持つ特徴や課題が当然のことながら異なっていた。その時代の影響を受けた共通の課題もありましたが、私の赴任した学校の中には、かなり極端な「教育困難校」も含まれていました。

　私は、人間的なもの、特に心の在り様などに学生時代から興味があり、現代詩なども書いていました。このように人間自身に強く興味を持っていたことが、人間教育に深く関わることができる教職の道に進んだ主な理由だと思っています。このような私自身の価値観やそれに基づく信念などが「私の教員生活」や教育実践・活動の基底にあったことが、「教師としての生き甲斐」を折に触れて感じることができたのではないかと思います。しかし、一方で、そのような「生き方」や「信念」が現実の「教師集団・組織」の中ではときに軋轢や葛藤を生む原因になったのかもしれません。

　「私の教員生活」は、予想を遥かに超えた難問・難題に数多く遭遇し、限られた形式(字数など)ではとても表現しきれないように思います。そこで、ここでは、この本の「主旨」を出来るだけ踏まえながら、特に強く印象に残った実践・活動に絞って書かせてもらいたいと思います。

最初の赴任校—厳しい現実の中で

　新任期にいきなり困難校に配属されることは少ないと思われるが、私の場合はかなり問題を抱えた学校のように感じ、かなり戸惑った。しかし、その様な学校に赴任させられたのは、私に対する期待もあるのかな、と思い直し、私なりに頑張りたいと思いました。

　その学校は、地域の中に簡易旅館があり、そこに住んでいる生徒も多くいて、障害児学級の生徒は殆どその地域の子どもたちでした。障害児教育に関する専門的な勉強をするための一年の留学期間(免許の取得)があったとはいえ、この学校

には 12 年間という最初の学校としてはかなり長く在職しました。異動希望も出さず頑張れたのは、「その場所」に私なりの「やり甲斐・生き甲斐」を見つけられたからだと思っています。問題を抱えた子どもの中には、私のような「専門的知識や技術」を私なりに学びはしましたが、まだ経験の浅い教師である私を必要としてくれる、受け入れてくれる、頼りにしてくれる生徒たちがいると思えたからだと思います。

　教育活動全般に渡って多忙な時期が続きましたが、特に部活動の指導が忙しく、かなりのエネルギーをそれに費やしました。そこに熱心に、かつ私なりに楽しく関わることができたのは、その学校の生徒の頑張りによるところが大きかったと思います。その成果は、全国大会３回、関東甲信越大会の第１回と３回目の優勝校として結実しました。生徒自身の喜びや自信の形成はもとより、学校全体の誇りでもあり、地域の人々にとっても自慢できるものであったと思っています。指導者としての「達成感」を強く感じることができ、「私の教員生活」の中でも特に心に残る貴重な体験となりました。

　当時は「夏休み」が長かった時期でもありましたが、日曜日も含めて私が職場に行かなかったのは３日間だけでした。強制されて勤務したわけではなく、そのような現実が私の人生そのもの、「私の教員生活」そのものであり、私なりに充実した時期であったようにも思います。まだ若かったからそう思えたのかもしれませんが、「教育という仕事」が自分には合っていると感じることができたのだと思います。「多忙➡苦痛」という認識は当時の私には殆んどありませんでした。

　最初に赴任したこの学校は色々な問題も抱えており、勤務した 12 年間の間には色々な困難にも遭遇しました。例えば、障害児学級で担当した問題を抱えた３人の生徒との苦労した大変な交流、少年院・刑務所・地方裁判所などを経験させてくれた生徒などもいました。また、ときどき養護教諭から安定剤をもらい飲んでいた「自閉的性格異常」の生徒、「緘黙児」の生徒の指導など、一口では言えないほど大変なことが色々ありました。

　ある程度覚悟はしていたとはいえ戸惑うことも多くありましたが、そこで経験した「厳しさ・困難さ・苦労」が「教師としての私」を鍛えてくれたのだと今にして思います。

更なる試練—問題児の生徒指導と教員間の齟齬・軋轢・葛藤

　「私の教員生活」の中で私自身が最も大変な時期だと感じたのは、転勤2校目の学校でした。それは教員間の問題が大きかったからだと思います。

　それは、「障害児学級の生徒」の指導をめぐって、それまで指導に当たってきた年長の女教員と私の指導観や指導方法に違いがあり、それが主な対立要因でした。詳細は省きますが、わたしも私なりに専門的な勉強もしてきたつもりでしたが、私自身の専門的な知識や方法が理解してもらえず、むしろ否定された感じさえしました。そのようなこともあって悩み葛藤の多い日々でしたが、信頼できる精神科医と相談しながら解決する努力もしました。そうすることで、とりあえず「厳しい対立関係」は緩和されたように思いましたが、根本的に理解し合えることができたとは言えず、私にとって「厳しい試練」のときでもありました。

生徒の問題行動と生徒指導—貧困と家庭崩壊の狭間で

　この学校には、反社会的な生徒(ツッパリ・番長グループなど)が男女1クラス6〜7名ぐらいいて、生徒指導に苦労していました。授業が成り立たないクラスでは、途中で辞めていく教師もいました。そのような学校で2年目から生徒指導担当教諭やPTA担当教諭に命じられました。37〜38歳のそれなりの経験も積み、体力的にも自信のある時期でした。

　指導の難しい生徒の例を少しだけ取り上げて当時の困難な状況の一端を紹介してみたいと思います。

　番長グループの「副」とみられている生徒の進学問題についてです。周囲の生徒たちが進学のことを考えるようになり、当人も色々考え何か落ち着かない様子が見て取れました。まさに「貧困と家庭崩壊」が観られ、「進学問題で悩む」生徒たちの一つの典型例のように思われました。「進学するためのお金がない」「兄は家庭の中で暴れまわることが多い暴力団の一員」など、家庭の経済的貧困と家庭崩壊に悩み、進学どころか、先ず自分で働いてお金を稼ぐことが先決のような生徒です。「先生、何とか働く場所を探して下さい！」と嘆願されたりしました。これに類するような事例は、他の女生徒にも観られました。

　「一個人としての教師に何ができるのか」と戸惑い自問自答しましたが、とりあえず上司である校長に相談してみました。校長の答えは、「そのような話は聞いて

いないよ。君の判断に任せる」でした。私の指導力を信頼しての言葉なのか、校長
自身が具体的に関わることを避けたかったのかは定かではありませんでしたが、と
りあえず、任されたので何とかしなければと思い私なりに努力してみました。

　この男子生徒には少し苦労しましたが、何とか建築関係のバイト先を見つけて
やることができました。また、女子生徒の場合は、担任と相談しながら、私の知
人に頼み喫茶店の従業員として働くことができました。校則・規則などの点から
見ると問題があることも承知してはいましたが、「任された以上、自分が責任を
取る」という覚悟で実践したことです。

　私はこの学校で7年間にわたって生徒指導担当教員をしましたが、この間、少
年院・家庭裁判所などに関係する生徒との交流が何人もありました。ある女子生
徒は、家庭裁判所で「学校には登校しなくてもよい。生徒指導担当の先生と必ず
連絡を取って生活しなさい」という判決を受けました。その女子生徒はクラブに
勤めていたのです。その判決通り、私には率直に心を開き「人間的な温かい交流」
が続き、人間的に支えてやることができたのではないかと自負しています。

　その他にも、家出・不純異性交遊など色々な問題もあり、その度に対応に苦労
しましたが、妻の協力(真夜中の車の運転など)や警察・地域の方々・父兄の協力
などの支援を受け何とか乗り越えることができました。

生徒指導をめぐる教員間の齟齬・軋轢・葛藤

　「生徒指導をめぐる方法論」について教員間でも異論があり私を悩ませました。
　例えば、「番長グループは『力』で押さえるのか、それとも時間をかけてゆっ
くり心の中に入って指導をする方が良いのか」といった問題である。

　当時の多くの教員には、生徒指導担当教員の私に「力」で抑え込むようにとい
う期待が強くあったように思います。私は途中から(担当して半年)他の教員から
観れば「甘い」と思われるような接し方・指導をしていきました。学生時代から
「人間の心の在り様」に強い関心があり、それぞれの人間の「生き方」に深い関
わりのある価値観の形成やその現実的表われである人間性や行動様式に興味を
持ってきた私としては必然的な方向であり、信念に基づいた当然の帰結であった
のだと思います。目の前に存在する生徒に対して愛情を持って深く理解しようと
せず、「力」で抑え込むことなどは出来ないというのが、私が教師を目指した動

機や「志」とどこかで深く繋がっていたように思います。当時はそのように自覚し割り切ることができていなかったので、同僚教員の批判的な言動や眼差しに悩まされた部分があったのだと今にして思います。生徒指導担当教員になった最初の頃は、朝の打ち合わせや職員会議でどんなに私が責められたか・・。「学校という職場」にも様々な価値観・教育観・生徒観をもった人間がいます。私の方法とは違う「カタチ」で生徒に対峙する教職員がいて当然なのですが、辛い日々でもありました。それでも教務主任のときには、自由に話してくれる雰囲気作りの為に、全ての教職員と食事に行くようなこともしてみましたが、その様な状況が大きく変わったという実感は持てませんでした。

日々の格闘の先に光明も差して

　教職員の中には私の指導実践に理解を示し、協力してくれる人もいないわけではありませんでしたが、何となく「孤立無援」状態を感じながら、私なりの信念で格闘する日々が続きました。そのような「教員生活」の中でも、少しずつですが光明も差してきたように感じることもあり、励まされました。紙数の関係もあり全てを事細かく紹介出来ませんが思い出すままに箇条書き的に幾つか書かせてもらいます。

① 　生徒指導担当教員になった２年目の卒業式の出来事です。色々大変なこともあり「手を焼く」ことも多かった「番長グループ」が職員室の玄関に集まり、私に大きな花束を渡してくれました。どんな荒れた学校でも卒業式だけはきちんとして、服装や髪型などに直してくるよう！というような細かい指導もしてきましたが、それとは別次元の生徒たちの行動に対しては、私なりの努力が報われた気がしてとても嬉しかったのを今でも強く心に残っています。未熟ながらも手探りの試行錯誤の中でそのような生徒たちと真摯に向き合い努力した結果の「勲章としての花束」だったのかなと今ではその生徒たちにも感謝しています。「教師になってよかった！」と思える瞬間でもありました。

② 　日々の教育活動の中にも私なりに「教師としての自分」が受け入れられ、認められてきていると感じることもありました。

　　例えば、父母会である親からこんな発言もありました。父母の中の１

人が学校の廊下を歩いているときに観た光景のことです。「多くの授業が
騒がしく驚きましたが、F先生の教室だけが静かに授業を受けているよ
うでした」という話がありました。授業の内容は別にして、この学校で
は「授業の成立」が大きな課題になっていたので、とりあえず、生徒や
父母に認められ、受け入れられている自分に自信を持つことができまし
た。教師は、生徒の父母に信頼され、受け入れられることが基本的に重
要であるという認識が私自身に強くあったからです。

③　生徒指導担当教員になってから地域の人たちとの交流が多くなり、生徒
の問題行動が地域の中でも顕在化するにつれて、地域住民からお叱りを
受けることが増えてきました。担当教職員も地元に帰ればその地域の一
員であり、家庭人でもあります。そこで、「この学校の生徒の指導には地
元の皆様のご協力が必要です」というようなお願いをしながら何度も歩
きました。「不登校生徒」の指導についても空いた2時間ぐらいを使って
家庭訪問をしたり、また、生徒の問題行動を発見して指導をしたことも
多々ありました。地元では、そのような私の歩き回る姿が知られるよう
になり、感謝の気持ちを込めて声をかけてくれる人もいました。大変な
こともありましたが、「やり甲斐や生き甲斐」を私なりに感じることがで
きました。このような体験も教師としての行動範囲や視野の拡大に繋
がったのではないかと自負しています。地域の人に受け入れられ信頼さ
れることも「教員生活」を実りあるものとする条件の1つであることを
実感できました。私なりの努力が報われたような気がしてとても嬉しく
感じた実践例です。

④　長い「私の教員生活」は色々な面で「格闘の日々」だったとも思います
が、他にも私なりの努力が報われたと感じられることも多くありました。
特に、私なりに深く関わった生徒たちの卒業後の活躍は「教師になって
よかった！」「教師冥利に尽きる」と言えるものでした。その一端を紹介
させてもらいます。

　学校時代は、生まれが悲しく、父親と簡易旅館で生活し、小学校時代
は一番の問題児と言われ、担任の女性教員からも嫌われた生徒との出会
いと交流の話です。その生徒が2年生だった時にその学校に赴任しまし

たが、なぜかウマが合うというのか、私を慕ってくれたこともあって教師─生徒関係が良好で温かい心の交流も多々ありました。生徒指導や進路指導も上手くいき、その生徒は定時制高校へ進学し、大学(二部)へと進学していきました。問題児(生徒)の１人だったこの卒業生がその後努力して K 市の局長にまでなり、私を「仲間の会」に招待してくれました。問題児(生徒)でもあった卒業生が社会に出て活躍する姿を観ることは教師として大きな喜びの１つです。

　卒業生が何人か集まり、我が家に来て楽しく交流したり、問題のあった卒業生から仲人を頼まれたり、苦労して卒業させた女子生徒の結婚式での私のスピーチが親族たちの心に響いたのか、「涙の結婚式」となった話など、また、発達障害があり生徒指導に苦労した生徒が走ることに興味を持ち、卒業後に有名な市民ランナーとして活躍している姿などを観るにつけ、私なりに「教師としての幸せ」を感じてきました。

「私の教員生活」─花も嵐も踏み越えて

　「花も嵐も踏み越えて」きたと言えるような「私の教員生活」でしたが、私自身の価値観・人間観・教育的信念などを私なりに貫くことができたと思っています。子ども自身の意志とは関わりのないところでこの世に生まれてきた子ども（生徒）と「人間としての教師」の「人間的な触れ合い」の中で学校教育は営まれています。そこでの教育活動では、生徒たちと「どれだけ愛し関われたか」が教師としてたえず自問自答してきた私の信念であり課題でした。そのことは、日々の教育実践の直接的な触れ合いの中で、また、「学級通信」などを出すことによって生徒たちにもそれなりに伝えられたのではないかと自負しています。

　教員間の軋轢・対立・葛藤などで悩んだこともありましたが、そのような経験を通して学ぶことも多くあり、私なりに成長できたと思います。

　「教師は子どもとの人間関係が第一」「教育は子どもの成長が第一」という初心を忘れずに、「やり甲斐」を感じながら楽しく「生徒と共に私自身も成長」できたと思うので、教員生活を終えた今、「我が教師人生に悔いなし」と胸を張って言いたいと思います。

「私の教員生活」その三　—私の教師人生を支えてきたもの—

はじめに

　私は、地元の国立大学の教育育学部を卒業し、県都の中学校で7年間教鞭をとり、生まれ故郷の中学校に戻ってきたのは30歳の頃でした。学生時代には周囲に教師を目指す意欲的な仲間が多く、同じ志をもつ親友も出来て教師を目指すことに喜びを感じながら色々な活動に積極的に参加していました。

　「私の教員生活」は「喜怒哀楽」を含む38年間でした。その間のことは限られた字数では語り尽せないものがありますが、本書の主旨を踏まえながら、私の「教師人生」にとって心に残る重要だと思われる幾つかのエピソード中心に書かせてもらいたいと思います。

「生徒の一言」が「教員生活」の支えに

　私が地元の公立中学校の二年生を担当したときときの話です。

　ある時、一人の女子生徒が私の顔を覗き込みながら、こんなことを言いました。「先生の性格、かっこういいね！」。その生徒は何を指してそう言ってくれたのかは教えてくれませんでした。私の中では今でも謎のままです。その生徒、いやその人は、現在兵庫県のK市に住んでいるそうです。いつの日かお会いして、一言お礼を言いたいと思っています。

　彼女は忘れているかもしれませんが、「その一言」が私の「教職人生」を支えてくれたと言っても過言ではありません。今でもその時の生徒の顔をはっきりと覚えています。それ以来、私はかっこいい教師になろう！かっこういい大人になろう！と、「かっこういい自分」を追い求めてきたように思います。そのような生き方に後悔はなく、「私の教員生活」は、楽しく前向きに誇りをもてるものになっていったように思います。そのようなこともあって、私はこの生徒にずっと感謝してきました。

　では何故、その女子生徒はそのように言ってくれたのでしょうか。私なりに推測すると、たぶん、私がある男子生徒にとった対応についてだったのではないかと思いました。詳しい内容は忘れてしまいましたが、その生徒の「言い訳」を受

け入れた私への評価だったのではないかと想像しています。「言い訳」(嘘)と分かっていて受け入れる」ことが、その時の私にとっては正義だったわけです。

　何故、そうだったのか。次に、そのことについて少し説明してみたいと思います。

「原点」としての「少年期の体験」—担任教師の無言の諭し—

　「自分にとっての正義」と考えた理由の「原点」は、私の少年期の体験にあります。確か小学３年生の頃でした。初老の女性の担任教師が、「私の言い訳」を何も言わずに受け入れてくれたことがありました。その年の夏休みに「計算ドリル」のような珠算の宿題が出ました。その問題集には巻末に答えのページがありましたが、何箇所かホッチキスで止めてあって中が見えないようになっていました。

　しかし、２学期が始まると私の問題集はホッチキスの部分だけはさみで切り取ってあったのです。夏休みが終わりに近づき、溜まりに溜まった大量の宿題を処理しきれず、私は、浅はかにもとんでもない作戦に出たのでした。担任の先生からすれば、一目で答えを写したと分るはずです。しかし、その先生は、決して私を責めることはしませんでした。

　先生は「私の嘘」を受け入れ、無言で私を諭してくれていることを子どもなりに感じ取りました。あれこれと言われるよりも、私にとって生涯にわたって心に響くご指導となったわけです。

　このような「体験」が原点にあったからこそ、「女子生徒の一言」が心に響き、その後の教師人生が私なりの目標(理想)をもって有意義に過ごせたのではないかと思っています。

　あの時その生徒がしてくれたように、「私の教員生活」は、どれほど「子どもの心に灯をともす」ことができているのかと自問自答しながら展開していったように思います。

「受容と期待」に基づいた生徒指導—「出世払い」という対処法—

　次の二つ目のエピソードは、私が主に徒指導を担当していた時の話です。

　生徒の問題行動が起きた数か月前に、全国的に耐震補強のために大規模な校舎

の改修工事が行われた時期がありました。私の勤務する中学校も同様にリフレッシュされ、校舎が綺麗になりました。しかし、ある時、新調されたトイレのドアに拳大の穴があいていました。色々調べてみると、ある男子生徒があけたことが分かりました。

　「生徒指導」を担当していた私は、その生徒を呼び出し、そのような行動に出た理由を聞きました。詳細は省きますが、何か面白くないことがあって拳でドアを殴ってしまったということでした。その生徒は、家庭の事情で、主におばあさんに面倒を見もらっている子でした。複雑な家庭環境の中で色々な悩みや葛藤を抱え、ストレスも溜まっていたのかもしれません。その生徒の今回の行為は許されるものではありませんが、「生徒の生育環境」などを思うと、一方的に「怒鳴りつける」というような強圧的な指導は出来ないと感じました。

　故意で破壊した場合は、何がしかの弁証が必要になります。家庭的背景や現状を考えると、その「弁償」をおばあさんにお願いすることはどうしてもできませんでした。

　私も私なりに悩みましたが、私の独断で、その生徒に対して「出世払でいい！」と言ってしまいました。そのような判断に対して異論もあるかとも思いますが、当時の私の正直な気持ちから出た言葉なので、今でも後悔はしていません。「その生徒の心にどのように響いたのか、何か心に滲みるものはあったのか」、というようなことは判断できませんが、その生徒のその後の行動を観る限り、あれでよかったのだと少しホッとしたのを覚えています。

　そのようなことがあってから数年後に、ある書店でその生徒(卒業生)に会いました。その生徒は高校３年生になっていました。何かやりたいことを見つけたようで、卒業後は隣県の専門学校に進学すると少し明るい表情で語ってくれました。立ち話でしたが、心を開いて近況と将来の進路について話してくれたのが嬉しく、心が温まるような感じでした。

　いつの日かまたひょっこり私の前に現れるのではないかと密かに楽しみにしています。

　このような想いを経験できたのも「私の教員生活」のお陰だと嬉しく思っています。

「吹雪の中の補習」が生徒の心に残したもの

最後に紹介するのは私がこれまでと同じ中学校で教頭をしていた時の話です。

春休みに３日間ほど、「やんちゃな生徒」を数人集めて「ちんぷんかんぷん」という名前を付けた補習講座を開きました。朝から昼まで、春休みの宿題を持ち寄って一緒に勉強するわけです。しかし、集中力が長くもつはずもなく、勉強をやったのかやらなかったのか、よく分からないまま終わってしまったこともありました。

この地域では、年によって卒業式に雪花が舞うことがあります。その年も荒れ気味の天候でした。しかし、その生徒たちは雨雪混じりの吹雪の日にも全身ずぶぬれになりながら自転車で登校してきました。その姿に心打たれながら私なりにその生徒たちに寄り添いました。

勉強の成果は別にして、普段の学校生活ではあまり見られない彼らなりの真剣さを感じることができて嬉しかったことを今でもはっきり覚えています。

そして、１年後、その生徒たちは、１枚の色紙に寄せ書きを残して卒業していきました。その色紙には、「補習マジうざかったけど楽しかった」「オレたちにちゃんと向き合ってくれてありがとう」「教頭に会えてよかった」などと、かわいいことが書き連ねてありました。

彼らが色紙を買いに行く様子を想像すると思わず吹き出してしまいますが、その色紙は私の一生の宝物です。

終わりに

この他にも数え切れないくらいのエピソードがあります。授業づくり、学級づくり、部活動の指導など、そのすべてが子ども・生徒たちや保護者の皆さん、そして地域の方々の理解や協力の下に展開してきました。「私の教員生活」が、楽しく、「やり甲斐」のあるものとなったのは、そのような人たちとの人間関係に恵まれ、「共に成長できる環境」にあったからだと思っています。

「私の教員生活」「教師人生」において芯になったのは、冒頭に述べた「女子生徒の一言」なのです。「明日を生きていくためには、自分にも良いところがあると思える小さな自信が必要」だと気付かせてくれました。「目の前の子どもたちに小さな自信を！」といつも考えながら教職に携わってきました。

　私は、現在、微力ながら地元の教育長として教育行政に携わっています。来し方の「私の教員生活」を踏まえつつも、変化の激しい新しい時代に対応していくことも重要な課題になっています。私の住む地域は、日本の教育史上極めて重要な足跡を残してきた伝統があります。この伝統の上に、これまで経験してきた私の教育的信念を反映させながら、「今求められている学校教育の本質的な課題」に挑戦していきたいと思っています。

「私の教員生活」その四　―理科教育に全力を尽くした日々―

はじめに―「念願の理科教師」としての充実期へ―

　私は、子どもの頃から自然への関心が高く、自然現象への好奇心が強い少年でした。また石ころや星が大好きでした。その様な小年時代を過ごした経験が根底にあって、「自分が得た感動を子どもたちにも伝えたい！子どもたちにも好きになってもらいたい！」という願いが強くあったことが、私が「理科教師」を目指した動機であったように思います。

　「私の教員生活」というテーマで何かを書き残したいとすれば、理科教育に全力を尽くしたと悔いなく語れる次のような時期である。

　私の理科教育の充実期は、地元の大学の教育学部附属中学校での9年間の教育実践でした。大学の附属教育機関ということで、教育学の専門の教授陣の理論的な支援があり、生徒自らが課題を見つけ、自ら解決する「開かれた学習意欲」という教育理念を生徒たちも生徒なりに理解し、自ら学び成長してきた優秀さもありました。さらに、生徒一人ひとりが持つ旺盛な好奇心や探求心をはじめ、授業において生徒同士が高めあう学習方法が長年にわたり培われ、生徒たちが経験を通して体得してきたものが根底にあったと思います。他に、中学校以前の附属小学校からの授業の実践研究や、培われた生徒の自然探求の能力などが大きな要因になっていたと思います。

　私の「理科教師としての実践」は、そのような学習・教育環境の中で、「水を得た魚のように」楽しく、生き生きと「やり甲斐」を感じて展開していたように思います。

「体験」を踏まえた実践の創意工夫

「自由研究」の重視と実践の果実

　私の子どもの頃の生活環境は、戦後間もない頃で、ほとんどの道路が未舗装で、道路で拾った石を家に持ち帰り、ハンマーで割ると、真新しい面には大粒の石英の結晶がキラキラ光ってとてもきれいでした。その感動は今でもはっきり脳裏に焼き付いています。それが石ころに興味を持ったきっかけになったのです．人は

小さなきっかけから将来や人生の進路を見つけられたりするものです。私は、そのような自然が大好きで理科の教師になったのです．子どもたちにそれを学ぶ楽しさや魅力を伝えたいと長年思ってきました。

　理科教育の実践で最も重視してきたことは、自然と向き合うことの大切さです。教科書の実験内容は、自由な発想で別の方法でせまり、自由時間が多い夏休みなどには、教室を飛び出して野外に出かけ、未知の世界で思いっきり遊ぶのです。大自然を観察し、自然から学び、課題や自分なりの仮説を立てそれを解決していく過程を楽しむのです．生徒たちが最も活動的で能力をフル回転したのは、長期休暇中の自由研究です。

　「自由研究」は、テーマ選びの段階から仮説、実験や観察の方法、データのまとめ方、考察、まとめに至るまで、一人ひとり丁寧な指導・助言を実施し、研究報告書をまとめ、研究課題の解決の過程を学ぶことを目標にしてきました。

　「自由研究」のテーマの例を挙げると、「セミの羽化の研究」、「東尋坊の柱状節理の研究」、「大野和泉村産のジュラ紀のアンモナイトの研究」、「経ヶ岳の巨大岩塊の研究」、「九頭竜川の礫の大きさや円磨度の研究」、「雄島流紋岩の流理構造の研究」、「モウソウチクの成長の研究」、「ネムノキの眠りの研究」、「スイレンの開花閉花の研究」などです。ユニークな研究も多く、論文のまとめ方もそれなりに身につけ、作成過程も充実していったように思います。これらの研究論文は、何れも県レベルのコンテストや、全国レベルの日本学生科学賞などで文部大臣賞や一等賞などにも輝きました。

　理科準備室には活動の場としてのスペースを設け、生徒が集う場となり、意見を交換することの大切さを体験させました。

　コンピュータのプログラムコンテストへの応募では、全国レベルで最優秀賞に選ばれデスクトップパソコン一式の副賞がいただけたこともあり、このパソコンを使用し、第二、第三のパソコンをゲットし、活動が益々充実していたように感じました。

　このような学習の成果が公に色々なカタチで評価され、受賞したりする状況が生まれたことは、「理科教師」としての私なりの努力と生徒たちの頑張りが報われたとように感じられ、満足感や充実感がありました。もちろん、受賞することを目的にして努力したわけではありませんが、そのような現実の中で、「私の教

員生活」は、「やり甲斐と生き甲斐」を感じられるものとなっていった。

生徒の「進路選択」とその後の活躍

　卒業生の進路は自然科学系も多く、有名私立高校の面接試験で、理科研究の内容や成果を問われることもあり、一人ひとりが実体験をもとに十分語ることができたと聞きました。

　また、「ジュラ紀のアンモナイトの研究」をした生徒は、日本のアンモナイト研究の第一人者である大学教授から高い評価を受け、その後の人生に大きな刺激となったようです。大学では、アメリカやオーストラリアなどに留学し、恐竜学の学位を取得するとともに、その後、大学教授となりゴビ砂漠での恐竜の全身骨格化石発掘など、世界の恐竜研究で活躍しています。そのような生徒の進路選択と活躍に私の理科教育実践が少しでも貢献できたのであれば、とても嬉しく思います。「教師冥利に尽きる」と言ってもいいかもしれません。「教師人生の喜び」の一つだと思っています。

「卒業生」へのプレゼントに込められたもの―「小学校校長としての実践」

　私は、理科教育に専念した教員時代を終え、その後、管理職への道を選びましたが、小学校の毎週月曜日、体育館での朝礼は、子どもたちに科学の面白さ、不思議さを体験させる絶好の機会となりました。月並みな朝礼の訓話だけではなく、全校生徒の前で毎回テーマを変えた「わくわく楽しい理科実験」を計画し、入念な準備を行い実践しました。子どもたちは毎週月曜日の全校集会を楽しみにしていてくれ、休む子はほとんどいないほど人気の月曜集会となりました。

　６年生が卒業する卒業式の日には、私が１年間かけて北陸の各地で集めてきたサクラガイ、黒曜石、メノウ、黄鉄鉱、ドングリ、松の種子、カシパンウニの骨片などを透明なプラスチックケースに詰め、小さな標本箱を手作りし、卒業生全員に一人１ケースずつプレゼントした。このプレゼントは、７年間の校長職の間、欠かさず続けてきたことで、身近にある自然物のかけらを詰め込んだ小さな宝箱は、毎年人気のプレゼントとなり、５年生、４年生など次に卒業を控えた子どもたちは、卒業式の日のプレゼントを待ち望んでいたようです。

　箱の中にはメッセージカードを１枚いれておきました。そこには、「卒業生の

みなさんへ．夢がほしい時、希望を持ちたい時、くじけそうになった時、悲しみを忘れたい時、この小箱を開けてみて下さい。耳をすまし、瞳をこらすと生命の鼓動や大地がささやくメッセージが聞こえてきます」というメッセージです。

その後、大人になってからの卒業生に会う機会があると、その機会ごとにあのプレゼントは保存しているかと聞くと、大抵机の引き出しの中に今も保存してくれていました。年賀状のひと言コメントにも時々登場します．大人になっても、引き出しを開けるたびに小学校時代の思い出や、自然物が持つ不思議なパワーを感じることができるようです。

それまでの小学校の校長時代も、理科教師として力を注いできたものが生かされたという意味で「私の教員生活」の延長上にあったように思います。

「ライフワーク」の出会いと実践―「私を支えてきたもの」

理科教育の実践を続けて 30 歳になったある日、自分の人生の将来像についてふと考えるようになりました。定年を迎え教職の仕事を終えた後も、限りない夢と希望を持ちながら生きていけるライフワークが欲しいと感じたのです。そんな折、素晴らしい一つの作品に出会ったのです。白山の単独越冬に挑んだカメラマン、故伊藤仁夫氏の遺作写真集「白山の四季」でした。この写真集を見終わったとき、私の心はこれまでに経験したことのない大きな感動に包まれ、その瞬間に長い間求めていたライフワークのテーマが決まったのです。それは、白山の大自然の有り様を、生涯をかけて撮り続け、その作品群を後世に残すことでした。白山の大自然の美を自分の感性で切り取るのです。少年の頃に夢見たものがすべて集まるこの山で、感動的な写真を撮り続けることでした。取り組みはじめてしばらくした頃、だれも見たことがない厳冬期の白山を、大型カメラで上空より撮影してみたいと考えるようになりました。撮影のタイミングは、白山に新雪が降った直後の快晴の午前中と決め、航空会社との打ち合わせなど入念な準備をすすめ、実行に移しました。気温は大野市で氷点下 16 度を記録した日で、厳冬期の白山の山肌は筆舌に尽くし難い美しさを漂わせ、その魅力に圧倒されて夢中でシャッターを切り続けました。

白山には、通うたびに新たな自然との出逢いや感動があります。今咲いたばかりの瑞々しいハクサンコザクラの大群落をはじめ、モルゲンロートに染まる北ア

ルプスの峰々のシルエット、満月の夜の翠ヶ池の煌めくさざ波、火山噴火による溶岩や熱雲流出の名残をとどめた荒々しい岩塊、天の川の星々が一個一個識別できるような澄み渡った満天の星空、どこまでも高く湧き上がる雷雲と美しく光る雷光、山の斜面を見事に染め上げる朱色のナナカマド、寒波の訪れで形作られるエビの尻尾や樹氷など枚挙に暇がありません。このような白山の大自然の無限の魅力は、まさに私のライフワークのテーマそのものだったのです。

　教職についてからは、毎年夏休みになると登山を希望する生徒たちを白山につれて行き、白山の自然の素晴らしさを伝えてきました。その数約100人以上です。その成果として、現在も家族で白山登山を続けている生徒や、撮影した写真に魅せられ、写真家や登山家になった生徒もいます。また、出版した写真集のお祝いの詞を依頼されることもありました。

　白山の写真撮影に取り組みはじめて7年が過ぎたころ、大手出版社から写真集出版のオファーがきたのです。そして、3年間の白山通いの結果、41歳のとき、著書を世に出して山岳写真家の仲間入りをしました。その時磨いた風景写真の撮影技術は、後に地元の自然史博物館から出版された「地質景観百選」で生かされました。この書籍は大人の人を対象にした地質啓蒙書で、地元の迫力ある地質景観や自然の造形美をより深く実感していただくためのもので、大人の地球観形成を目指すものです。

　このように、「私の教員生活」は「趣味と実益」を兼ねた学校生活を超えた広がりの中で展開するようになりました。

終わりに―「本物に出合い」・「本物を見せる」ことを重視した「教師人生」

　この文章は、「私の教員生活」において経験してきた理科教育の記録の一部です．私は、これまで述べてきたように、子どもの頃から自然への関心が高く、自然現象への好奇心が強い子どもでした。そして、教師になってからは、自分が得た感動を子どもたちに伝えたい、子どもたちにも自然が好きになってもらいたい、理科という科目が好きになってもらいたいと願い、授業に臨みました。子どもの時に心に刻まれた感動は大人になってからも決して衰えることはありませんでした。理科教育で一番大切にしてきたことは、鉱物標本、カメラ機材、人物など、「質の高い本物に出会う」ことです。そのために、子どもたちにはこれが本物の

魅力だと思えるような教材を準備し、感動のある授業を創造したいと思いながら臨んできました。

　地質学を専門とし、モットーは、「自分の足で歩き、自分の目で観察し、そして自分の頭で考えること」です。現在でも、自然の中に飛び出し、フィールドワークを大切にし、様々な自然の研究をはじめ、大地の生い立ちに関心がある子どもたちや大人の方への自然観察や地質景観のガイドに力を注いでいます。

　「私の教員生活」は、全てに満足できるというわけではありませんが、これまで述べてきたような「私が大事にしてきたこと」を実践できたという意味で、幸せな後悔の少ない充実した教師人生だったと思っています。そのことが退職後の人生にも生かされており、教師になって本当によかったと思っています。

「私の教員生活」その五
—子どもから学び、共に成長できる人生—

「志と覚悟」を抱いての船出
—「教師である前に、人としてまず『一生懸命』が大事」—

　今から 30 数年前、私は新採用教員として、山間部の全校 200 人程の小規模中学校に私なりの「志と覚悟」をもって赴任した。1 学年 2 クラス。私は 1 年 B 組の担任、男子バレー部の副顧問と学校中の全クラスの英語を担当することになった。子どもが大好きで学校教育にとても興味があったので、これから始まる「教員生活」に私なりの期待と前向きな高揚感があった。

　何もかもが初めてづくし。バレーボールも今まで一度もやったことがなかった。英語の授業においても、大学を出たての新米教師。どのように単元を組み立て、どう指導したら確かな学力を身に付けさせることができるか確信がもてなかった。その当時は、現在のような懇切丁寧な新採用担当の指導教員が 1 日中帯同することもなく、毎日が未体験の、まったく予測できないことの連続であった。基本的なことは頭の中では理解していたつもりでも、現実の学校現場で生起する様々な事態に戸惑い、日々不安感と、ときにはある意味「恐怖感」に似たものを感じながら「教員生活」を送っていた。ある程度覚悟はしていたが、自分なりに努力していかなければ、本当の意味で「楽しくやり甲斐のある教員生活」にはならないと実感した。

　そのような悩みを抱えているときに、私の「志と覚悟」に新たな道が拓かれるような「忠告・助言」に出合った。それは、あるとき先輩（私が尊敬した先生）が一緒に生徒を山奥まで送って行った（当時は学校のマイクロバスで生徒を送っていた）帰り道にその先輩に言われたことである。

　「あのな。一人前の教師になるには、最低でも 10 年はかかるんや。中学校の教師たるもの「3 つできないとダメ」だけど、君は焦り過ぎや。なんでも「できる」って勘違いしている。その 3 つとは、教師の力量として最も大切な『授業のプロ』。「○○先生の授業は、メッチャ分かりやすい」とか「○○先生が担当になってから成績がグンと伸びた！」って言われないとダメ。そして、『学級担任

としてのプロ』。生徒からも保護者からも「○○先生に担任になって欲しい」って言われないとダメ。慕われる担任にならんとあかん。そして、最後に『部活動のプロ』。「○○先生の指導によって結果が出た、実力がついた」とか「○○先生のおかげで私は人として成長できた。○○部でよかった」って言われないとあかん。でも、君は全部できるって勘違いしている。今のあなたでは100％無理。大事なのは、自分ができることをひとつずつ、自分のものにしていくことだ。ところで、君は先ず何を優先する？」と言われた。

　そのとき、多少むっとしたものの、確かにその通りだと思い、しばらく考えて「部活です。」と返答した。すると、「それがいい。だったら明日から、誰よりも早く体育館へ行くといい。ネットは一人で張れんけど、人一倍練習するようにしたらいいと思う」と言われた。そして、次の日から私は生徒よりも早く体育館へ行き、毎日すべての練習に生徒と同じように必死に取り組んだ。もちろん、教師である以上、授業の準備や担任の仕事などは、ヘトヘトになった部活の後に行ったが、帰宅する時間は連日ほぼ午前0時頃となっていた。先輩方も同じような状態であった。しかし、確かに身体は疲れていたが、夜の職員室はいつも多くの学びと笑いがあり、心の中はいつも充足感で満たされていたと思う。

「部活指導」への傾倒と教訓

　「部活指導」に傾倒する中で、だんだんと生徒たちの声（評価）が変わり始めた。「サトベン（私のあだ名）、最近ホントに上手になったな」とか「サトベンは一生懸命やな」と生徒たちから褒めてもらえるようになった。とっても嬉しかった。

　結果的に、私は決して「指導者」ではなく、生徒たちの「仲間」として、6年間バレーボールに打ち込んだ。中学・高校とバレー部を経験したかのように、周囲の誰よりもバレーボールが上手になることができたように思う。そして、赴任6年目の最後の年に、チーム一番の目標であった北信越大会に出場することができた。まさに感動体験。生徒たちと一緒に目標を叶えたあの瞬間は、今でもしっかりと脳裏に焼き付いている。この頃の私は、決して『部活動のプロ』にはなれていなかったが、「中学校教育において、部活動は人間形成上大切である」ことを知った。教育における「部活動の意味や意義」を体感することができた。

　そのときの「教え子たち」とは今でも付き合いがある。ときに飲み会をする関係になっているが、毎回の会で「教え子たち」に言われるが、「今までいろんな先生がいたけど、サトベンが一番一生懸命だったな」の言葉をもらえる。教師としてではなく、人として認められた感じがして、いつも嬉しい気持ちになり、ついついお酒が進んでしまう。

　しかし、今振り返ってみると、この頃は「一生懸命に取り組んだ」という自負があり、得たものも大きかったが、まだ教師として誇れるような資質はあまり身についていなかったように思う。しかし、「教師である前に、人として一生懸命生きることが大事！」という教訓を体感できたことは、その後の「私の教員生活」を楽しく実りあるものにしてくれたのではないかと思っている。

　だが、真の意味での「師弟同行とは何か？」や、「人の信頼を得るのには何が大切か？」ということについて正しく理解できたと思うのは、次のカウンセラー研修を終え、生徒たちと共にさらなる様々な感動経験や成功体験を積んだずっと後のことである。

「私を大きく変えたカウンセラー研修」—実践の現場で—

　新採用の６年を終え、２校目に赴任して４年目。まさに 10 年目の「これで１人前になれる」と意気揚々としていた冬の１月。突然教頭から「この４月から半年間地元の大学の学校カウンセラー研修へ出るように」と言われた。私は、そのとき２年生を担任し、来年も生徒たちとその学校での２度目の卒業式を迎えようと決意していたため、「絶対嫌です」と断った。しかし、教頭は「ダメだ。あなたは一度外へ行って、視野を広げる経験をしてきた方がいい。視点を変えることが今のあなたには必要だ」と言われた。この時の教頭は、私のことをよく理解し、私が成長するには何が必要かをすべて見通してくれていたと思う。だが私は、そんな親心を知ろうともせず、多少の反抗心を抱きながら渋々受けることにした。

　しかし、約半年間のこの研修こそが、真の意味で「私を大きく変える」意義ある日々となった。まず、そのひとつが約一か月間の「チャレンジ教室研修」であった。私は、ある小学校の５年生の不登校男児を担当したが、母親との相談の中で、「担任の先生の指導」が不登校の大きな理由として挙げられた。その先生の指導内容や姿について、涙しながら話す母親の話に耳を傾けているうちに、あ

ることに気づいた。その担任はまさに「これまでの私の姿」であった。本当に頭を後ろから殴られたような強烈な衝撃を受けた。その先生の立ち振る舞い方、話す内容がまるで自分のことのようで、心からその男児と母親に申し訳ない気持ちで一杯になった。教師の言葉や態度が、いかに子どもたちの心に影響を及ぼし、何気ない教師の「捨て台詞」が子どもの心を傷つける「凶器」となることを私は知った。本来なら、教師の支援によって子どもたちは人としての成長を遂げるべきなのに、逆に、大切な学びの機会を教師の私が奪った感がして、私は「これまでの自分」を猛省した。

　「チャレンジ教室研修」の後は、地元の大学附属特別支援学校で研修することになった。私は高等部の脳性麻痺の女子生徒を担当したが、障害が重く、日常生活においても困難度が極めて高い生徒だった。担任からも、「何をするか分からないから、しっかりと目を離さないでね」と指示を受けてはいた。しかし、あるとき事件は起きた。その女子生徒が給食後、う〇こを口にしてしまったのである。私が少し目を離したときに、トイレに行かずに服を着たまま用を足し、違和感を覚えた彼女は手で触り、口の周りが汚れてしまった。私はまさに動転しながら、担任を呼びに行った。担任も相当驚いていたが、すぐ処置を施し、その生徒に反省を促していた。

　そして、保護者が迎えに来た時に、私がその時の様子を正確に伝えることになった。私は事の重大さを感じて身震いしていた。母親から相当のお叱りを受けるに違いないと思ったからである。

　放課後になり、母親が迎えに来られ、担任が給食後のことについて話を切りだした。その時の様子について私が震えながら事実を話した。すると母親は怒るどころか笑顔で、「あら〜、〇〇ちゃん、う〇こを食べちゃったの？また、新しいことできたね。でも、それはしちゃダメ〜。分かった？」と我が子の頭を愛おしく撫でながら褒めたのである。私は愕然とした。そして、担任の先生や私に迷惑かけて大変申し訳ないと言葉を添えたのである。担任もその予想外の反応に驚いた様子だったが、お互い笑顔でその生徒の明日について話を始めた。まさに、一人の生徒を介して、その子の成長を共に支え合う保護者と教師の姿を目の当たりした。私は自分の不注意さと至らなさに後悔を覚え、申し訳なさと感動とで涙が止まらなかった。

　特別支援学校での研修後半、校内体育大会が行われた。この生徒は 10 メートル走に参加をした。当然、走ることも歩くこともまともにできないため、匍匐(ほふく)前進での参加となった。たった 10M。しかし、彼女にとっては、マラソンのように遠く離れた距離だったと思う。一つひとつの目先をゴールとして、必死になってゴール地点へと向かう姿がそこにあり、歯を食いしばりながら確実に進む彼女がいた。会場に居た誰もが大声で応援し、やっとの思いでゴールしたときは、大きな拍手で彼女の努力を称えた。そこに居た全員が大泣きした。まさに感動の瞬間であった。

　この研修を終え、現場に復帰したとき、私自身は大きく変わっていた。「できないことをできるようにする」これこそが「教師としての最大の喜び」となることを知ったからである。そして、「子どもたちができたときに、共にその成長を喜び、共に感謝できること」こそ、「教師の生きがい」になることを私は学んだ。この研修で出会った子どもたちや保護者から、教師とは何かを教えられ、私自身が育てられたと思う。そして、このような体験を通して学んだことを実践していけば、本当の意味での「一人前の教師」になれるような気がした。

「研修」後の教育実践の変化—反省と挑戦の日々

　そこからだった。すべてに結果が伴うようになった。英語の授業では、これまでの「なんで、できんのや」「なんで、分らんのや」と高圧的に指導する私から、「どうしたら授業が楽しくなるだろう」「どういうトピックだと子どもたちは乗ってくるだろう」というようなことをいつも考える私へと変わった。すると、ときには驚くほどに生徒の学ぶ姿勢に変化が見られ、成績も向上した。私の授業を楽しみに待ち望んでくれる生徒も生まれ、『授業のプロ』として「やり甲斐」を感じた。

　「部活動（女子テニス部）」では、反抗した生徒を見せ物のように厳しく指導していた私から、「補欠の子どもたち」をとにかく大切にしながら、「笑いを大事にした練習」を心がける私になった。生徒たちの雰囲気も明るく前向きになり、自主的に努力して協力する姿が見られるようになった。結果として、市の大会で優勝を果たし、県大会へ出場できるチームへと変容した。さらに最大の目標であった北信越大会へ二度も駒を進めることもできた。結果が伴うようになったこ

とも嬉しかったが、その時の同僚からこんな言葉を言われたことが一番の喜びであった。「あれだけたくさんの部員（補欠）が居て、私のクラスの子に部活どう？って聞いたら、メッチャ楽しいって。誰一人辞めたいって言う生徒も居ないし、補欠の子どもたちにやりがいを持たせることができているってホント凄いと思うわ。」『部活のプロ』としての喜びである。

　そして、教師として大切な学級づくりにおいても、問題やトラブルが起きても大声を出して指導したり、原因となった生徒を皆の前で叱りつけたりはせず、「それぞれの立場の生徒が救われる道」を共に探そうとする担任へと変わった。結果として、卒業式の時に、お互いに「ありがとう！」って大泣きしながら言い合える「師弟関係」になることができた。「お互いの存在を心根から尊敬し合い、感謝し合う関係」こそが本当のあるべき「師弟関係」であるということを知った。

　この「カウンセラー研修」後、私は三校の中学校を転任したが、ある程度「一人前」の中学校教師として、多くの子どもたちの成長を保護者と共に支援できるようになっていた。当然、どの学校でも「相手は人間」ゆえに様々なトラブルも起きた。生徒同士の「いじめ」や「喧嘩」、保護者からの異常とも思えるクレーム、そして、一番心を悩ます教師間のトラブルなど、現在の学校が抱える問題を数多く経験した。しかし、私の中で明らかに変化していることがあった。それは、どんなに忙しい状況に陥っても、どんなにしんどい辛い環境に陥っても、私の心の中に確固たる信念となる言葉が生まれていた。それは、「私には、子どもたちがいる」である。上記のような様々なトラブルの渦中で心が折れそうになって「もう無理！」と打ちひしがれていると、「大丈夫？なんかあった？」と気にかけてくれたり、目をつぶって椅子に座っていると肩を揉んでくれたりする子どもがいるのだ。決して多くはない数名の子どもたちだが、彼らのお陰で真っ黒だった心の中がパッと明るくなり、私の心の中は満たされるのである。その度に心に込み上げるものがあり、「ありがとう。お蔭で救われたよ。よし！」と、目の前の困難に挑戦しようとする『私』になれたのである。

　私は今しみじみと思う。教師の幸せとは、こんな「ダメ教師」だった自分でも気遣ってくれる子どもが一人でも目の前に居てくれて、共に日々の生活をより豊かに楽しむことができることだと感じる。そうした「同志」というべき子どもたちを一人、二人と増やしていく努力をすることが、「人の道」を教える我々（教

師)の仕事だと感じている。「マイナス」を「プラス」に変えていこうと努力する人づくりをすることがこの仕事の醍醐味である。そして、強い「絆」と共に、明るい未来を創りだそうとする人づくりをすることが、まさにこの仕事の最大の使命だと思う。

　このように感じるのは、「生徒と共に創る人生」に喜びを感じ、そのことをモットーとして教師としての年月を積み重ねてきたせいかもしれない。その結果、今でも付き合いのあるたくさんの宝物(教え子)に恵まれることができた。教師になって本当に良かったと感じている。

「教職生活」の変化—校長になって心がけていること—

　某年４月に小学校の校長という管理職に就いた。30 年間という長い「私の教員生活」の中で眺めてきた「中学校の景色」から、小学校への転向は、管理職ということもあって「見える景色」がかなり違い、少し戸惑いもあったが、「可愛らしい子ども(児童)がいて教師がいる世界」にそれほど違和感はなかった。逆に、これまでの「教員生活」で実践してきたこと、感じてきたことも生かしながら、今こそ「初等教育が重要である」という前向きなエネルギーが湧いてきた。

　新米校長なので試行錯誤の毎日であるが、着任以降今日まで、日課としてやり続けていることがある。それは、本校の職員が来る約１時間前に登校し、誰も居ない静かな校舎でハンディー掃除機を片手に校舎の全フロアーを掃除していることである。それは、もちろん自校をより綺麗にしたいという素直な願いはあるが、それより各教室の状況を自分の目で把握するためである。ある先輩の元校長が、「あなたが校長になったら、各教室のゴミ箱の中を見るといいよ！ゴミ箱の中に、その学級のすべてがある」と言われた。先生方の教育実践に細かく鑑賞するような気がして戸惑いもあったが、とりあえずその助言通り、ゴミ箱の確認も含め、朝の爽やかな空気を校舎内に入れながら、一つひとつの学級を観察（巡回）している。

　そして、この半年の間に明らかになったことがある。子どもたちの机の状態、床に落ちているゴミの数と場所、黒板の板書の内容、掲示物の管理状態、教卓の周りのプリントの状態、そして、ごみ箱の中の状態と、その学級風土や文化の質は、ほぼ比例しているということである。校長が授業中に校内巡視をしに行かな

くても、「その学級の状態（荒れ度）が毎日の朝にある」と言えるのだ。

　この毎朝の「一人掃除」は大変な面もあるが、担当教師が居るときでは観ることができないもの、感じられないものに気づくことができるように思われる。とても意義があると感じている。学級経営等で悩んでいそうな教員に尋ねなくても（心配して声かけしても「大丈夫です」と返ってくることが多い…プライドが高い教員の場合は正直に言わないことが多いように思われる）、その日の朝、気になったクラスへ直行することで、子どもたちへ校長からの「言葉のない生徒指導」が可能となり、何より、その担任の心理面でのサポートがある程度できると考えている。自らヘルプを出し悩んでいたとしても、こちらが「担任からの申し出」の前に察知し、タイムリーに支援行動を行うことで「信頼」の文字を得ることができるように思われる。中には、「えっ！？」と動揺する先生もおられるが、放課後校長室へ「今日わざわざ見に来ていただき、ありがとうございました。」とお礼を言いに来られる先生もいる。そして、自分が見た事実を基に「○○くんたち、大変そうだね」と声をかけると、一気に悩み苦しんでいた想いを話し出してくれることがある。

　このような経験を通して、やはり、人の信頼や絆は、「言葉」よりも「行動」から生まれること再認識させられた。そして、そのような日々の積み重ねを経て信頼や絆は一層深まるのではないかと感じている。

　また、もうひとつ校長として心がけていることがある。「子どもと遊ぶ」である。校長として、一番主役となる子どもたちとどのように関わるかを考えたとき、毎朝の登校指導と休み時間しかない！と決意した。そして、この半年毎日約10通りの登校路を変えながら、子ども達と一緒にたわいもない話をしながら登校している。さらに、昼休みと大休みの時間に校長室を開放し、英会話塾をしてみたり、何気ないくだらない話をしてみたり、子どもたちの日々の声や表情を確認している。今では休み時間では足りない子が、放課後校長室へ顔を出してくれるようにもなった。私にとって子どもたちとの時間は、「私の校長生活」において「子どもと心が通じた」と感じることができる心が和むひとときであり、本当に有難いことだと感じている。「子どもと共に生きる」ことの楽しさ・喜びは校長になっても変わらないことを実感している日々である。

　その他に校長として取り組んでいるのが、地域との連携である。私の先輩校長

から、「校長になったらすべての校区内の地域行事に参加すること」という助言を受けたが、地域の人達の力というのは学校経営においても必要不可欠なものだと実感している。この半年に築きあげることができた地域の人達との「つながり」は実に大きい。そして、地域の祭りや行事に積極的に参加することで、子どもたちの学校生活以外の普段の姿について情報を得ることができる。その「真実」を全校朝礼のときの話に盛り込んだり、色々な機会に話題として取り上げたりしながら子どもたちへの適宜・的確な指導に生かしている。結果として、子どもたちからも地域の人たちからも「地域をよく見ている校長」として認められ、学校全体への理解・協力も得やすくなっているように感じる。

　まだ校長になって半年だが、校長になって改めて思うことがある。それは、「教育という営みは実に素晴らしい」ということである。人は情愛を込めた想いが伝わると、考えや行動に変化が生まれ、行動が変化すると、素晴らしい結果や実績に変わる。これこそが「真の教育」の醍醐味であり、教師という職業の魅力であると私は考えている。

「終わりに」─教職の現在と未来に輝きを！

　私は、今振り返ると、成り立ての頃は本当に未熟な教師だった。心底そう思う。しかし、多くの生徒たちとの出会いや先輩教師たちの適切な助言や導きによって、私が会得すべき教師としての大切な資質を様々な経験や機会を通して学び、身につけられたと自負している。そして、「一人前」の教師の姿を私なりに理解し、それなりに実践することもできるようにもなった。すべては、「人と出会い、人に支えられ、人に教えられ、人として成長できた」ように感じる。決して営利目的ではなく、人としての尊厳を体感できるこんな素敵な仕事は少ない！と思っている。そして、間違いなく、私が「新採用教員」の頃に向き合った子どもたちも、そして今の目の前の子どもたちも本質的には殆んど変わっておらず、「教育における真理」は「不変」だと断言できる。ぜひ、教師を志す人に伝えたい。子どもたちはいつの時代も「本物」を待っている。短絡的な自身の感情や変なプライドで「圧」によって指導する教師ではなく、明るい未来や社会を築くために、今何が大切で、今何をすべきかをしっかりと語り、共に成長しようとする「人」を待っているのである。輝く未来を切り拓くために、夢と希望をもって「人と共に

成長したい」という教師志望者が今後増えることを切に願う。「私の教員」生活
の来し方を想い、心からそう思う。

　今休み時間に「Big Ben―ん、遊びにきてあげたよ～。寂しかったやろ～。」
と言いながら校長室へ子どもたちが来てくれる。本当に嬉しい。そして、本当に
ありがたい。

　本校の学校目標は、『ありがとうのN小』である。

「私の教員生活」その六
―「生徒の成長」に関わる喜びを感じて挑戦した日々―

女教師への道へ―「二つの動機」

　この春で、再任用の2年間を含む40年の教師生活に一旦ピリオドを打った。終わってしまうと、短く感じられるが、一つひとつ思い出してみると、色々な想いや景色が巡り、やはり長く感じました。

　そもそも、なぜ、教師になったのか。二つの場面が思い起こされる。一つは、中学生のころ。8つ離れた弟の宿題の相手をしていたときのことだ。算数だったと思う。今まで難しい顔をしていた弟が、「分かった！」と言ったときあのうれしそうな顔。今でもはっきり覚えている。もう一つは、大学受験を控えたころ。志望校を決めきれずに中学校時代の恩師に相談すると、「君は、人を相手にする仕事が向いていると思う」という返事が聞けたこと。この二つが結びついて、私は教師の道を選んだ。そして、この二つが40年の教師生活を支えてくれた。

貴重な初任期の体験―不安・緊張・体験的「学び」が成長の糧に

　大学卒業後すぐに結婚を控えていた私は、結婚予定の「志を同じくする人」（大学時代の同級生）の住む隣県で教員生活をスタートさせた。初めての地での新たな生活。赴任校は嫁ぎ先となる地元の小学校だった。私のことを知っている人がほとんどいないという気楽さはあった。しかし、それよりも、「新採の先生だって。○○さんとこに隣県から嫁に来るんだって」という好奇の目にさらされることが少し辛かった。新しい生活に慣れ、地域の人や保護者と顔なじみになるまでは、近所のスーパーに買い物にも行けなかった。

　学生時代に「教育実習」で「仮の教師」を体験したことはあるが、実際に教師になって学校現場に入ると、すべてが初めてのことのように感じられた。講師経験も全くない。何が大変なのかさえ分からない状況の中で「私の教員生活」は始まった。

　初めて担任したのは2年生。45人学級5クラス。1学年で200人を軽く超えるマンモス校だ。5月に小運動会がある。私は、一番若いというだけの理由で、

学年のリズムダンスの指導を担当することになった。「４月に教師になったばかりの者に、いきなり任せるなんて、なんて無責任なんだろう。ひょっとしたら、いじめではなかろうか」と当時を思い出して思ったりもする。でも、そのときは、言われるがまま引き受けた。それがおかしいことだとか、ありえないことだとか一切思わなかった。何も知らないからこそやれたことだと今にして思う。勿論、新米の私に任せた以上、他の先生方は、手取り足取り指導法を教えてくれたので何とかやり遂げることができた。

　同年の７月にあった研究授業も不安や緊張もありましたが、学年の代表として一番若い私が担当した。授業後の「授業整理会」では、次々と質問や意見が出され、冷や汗をかきながら対応していたことを今でもはっきりと覚えています。緊張している私を見かねてか、隣にいた先輩が小さな声で「あなたが全部対応する必要はないよ。学年で考えた授業なんだから」と言って助け舟をだしてくれました。若いということ、知らないということは避けがたい現実でしたが、どの教師もその人なりに体験することだと思うので恥じることはないないのかなと後で思うことができました。それよりも、初任者で若いがゆえに学ぶことが多くあり、とても貴重な体験だった。どの質問や意見も、色々考えさせられることがあり、「全てが学び」だったように思います。

　初任校では、６年間勤務した。大きな学校であったために、たくさんの先生方、子ども、保護者に出会うことができた。教師として一番収穫の多い時期だったと思います。「私の教員生活」も、当初の不安・緊張から解放され、私なりの自信も芽生え、精神的にも安定した状態になっていました。「教師としての楽しさ・喜び」も実感できるようになり、とりあえず、「教師になってよかった」と思える時期を迎えることができたと思っています。

　就職して数年後、研究会で久々に会った先輩の先生が、「あなた、ずいぶん成長されましたね」と声をかけてくれたときの微笑みを今でもうれしく思い出します。

「出産・育児（子育て）経験」が「生徒理解」へ

　大学を卒業した年に結婚し、翌年には長男を出産。ということで、私の教員生活と結婚生活の期間はほぼ一致する。また、子どもは三人いるので、教員生活の

前半半分は子育ての時期とも重なる。

　子育てと仕事の両立は大変である。とはいえ、夫の母（夫の父は、結婚後まもなく亡くなった）と同居していたため、子育ての大半は任せきりだった。私の場合は、義母がいろいろ助けてくれたので、何とか両立できたのではないかと義母に深く感謝している。

　それでも、子どもが小さい頃は、今よりずいぶん早く帰宅していた。夕飯も作り、宿題の確認もしていた。その頃は、まだパソコンは自前だったので、かなりの仕事を持ち帰って家でやっていた。家に持ち帰ることがよいとは思えないが、子どもと一緒にいる時間が多く取れるという良さがある。まだ幼かった長男が、親の仕事を尋ねられたとき、「お父さんは漢字の仕事、お母さんは平仮名の仕事」と答えていたことがある。高学年を多く持っていた夫が漢字の多いプリントを、低学年が多かった私が平仮名の多いプリントを作成したり、丸付けしたりする姿をよく見ていたからだろう。親の働く姿(家事以外の仕事)の一部を家庭の中で子どもに観られることは、子どもの成長にとってどのような意義をもつのかは難しい問題だと思いますが、生徒の為に真面目に仕事をする姿を観て子どもの成長に何かプラスの効果があればという期待が少しありました。

　そんな子育てをしている時期は、忙しかったが、仕事も充実していた。クラスの子どもを見るときは、「わが子だったら・・・」と考え、自分の子どもを見るときは、「自分のクラスにこんな子がいたら・・・」と考えることが多かった。義母に、「あんた、気が長いねえ。よく怒らんとおれるわ」と呆れられたが、「クラスにはまだまだ大変な子おるし、これくらいは大丈夫」と答えたものだ。我が子にも、クラスの子にも優しくなれた気がする。また、同じくらいの年齢の子を持つ保護者とは、親目線で考えることができたので、より近い関係になれた。子育て中に出会った保護者とは、今でも気軽に話せるママ友（ババ友？）だ。

「内地留学」での「学び直し」と新たな挑戦—「軽度発達障害児」への理解と実践

　十年目あたりから、「この子とは、どう付き合えばいいんだ？」と悩む不可解な子に出会うことが多くなっていった。「私の教員生活」の中で初めて経験した戸惑うことの多い時期であった。

　そのような時期に、一番下の子が小学６年だったころだったと思うが、「内地

留学」を薦められた。突然の話だったことと、仕事が忙しかったこともあり、乗り気ではなかった。１年目は普通に大学に通えるが、２年目は、仕事をしながら修士論文を書かなければならない。この２年目のことを考えると憂鬱だった。とても消極的な気持ちで、何の準備もできないまま臨むことになってしまった。「もともと乗り気ではなかったのだから、落ちても構わない」と開き直って質問に答えていた。面接官たちの表情も硬かった。ところが、資料に目を通していたある面接官が、「あなたは、Ｎ先生の研究室だったのですね」と言ったとたん、彼らの表情が一変した。５、６人いたと思われる面接官は、すべて、私の大学時代の指導教官を良く知っている教育学の教授だったのだ。そのような事情もあって面接試験も明るく友好的？に行われたので、私の緊張もほぐれ、「普段の自分」を私なりに表現できた。それまでの教師経験の実績と面接でのやり取りを総合的に評価してもらえたようで、結果は合格であった。合格してホッとはしたが、嬉しいというより、これからが大変だという想いもあり、複雑な気持ちであったことも事実であった。しかし、これも「Ｎ先生からのプレゼント」だと思い直して、やるからには前向きに頑張ろうという想いも徐々に湧いてきた。結論から先に言えば、この「内留生活」はとても有意義なものだったので、「私の教員生活」を語る場合には欠くことのできない貴重な体験となった。

　その頃は、まだ、教育学の教授（担当教官）でさえ「軽度発達障害」という言葉を知らなかった時代だった。担当教官だけではなく、特別支援教育の教授の協力も得て、「軽度発達障害」についてじっくり学ぶことができた。現場（大学では、学校のことをこう呼ぶ）にいるときに出会った不可解な子（理解力はあるのに、書くことを極端に嫌う子。集団の中で過ごすことや初めてのことが極端に苦手で、すぐにパニックになる子。自分のやり方に固執し、教えられた通りにはできない子・・・）との付き合い方を検証することもできた。その結果、私の実践に大きな間違いがなかったことが分かり、それは、その後の教員生活を続けていく上での自信となった。例えば、「目の前にいる子をよく見て、その子が何に困難を抱え、どうしたいと思っているのか。それに対して自分には何ができるのか」というようなことを試行錯誤しながら実践してきたことについても理論的裏付けを得られたので、手のかかる子を観て、困った子だとは思わなくなった。困っているのはその子自身なのだから。

　保護者との接し方も変わった。以前の私は、より早く、より簡単に子どもの困難を取り除きたい（担任している間に何とかしたい）と思うあまり、「もっと○○すべきではないか」と保護者に訴えることが多かったように思う。でも、そんな簡単なことではない。「もっと長い目で考えよう。できないことをできるようにさせるのではなく、できることを見つけて伸ばしていこう」というように声掛けできるようになった。

　初めは、あまり乗り気でなかった「内地留学」だが、経験できて本当によかったと思っている。「学び直し」ができたことだけでなく、今いる世界から一歩離れて教育を見つめ直すこともできた。学校をしばらく離れるという怖さはあったが、ある教授の「思いっきり学校から離れて、思いっきり学生生活を楽しみなさい。いやでもちゃんと現実に戻れるから」という言葉を信じてよかった。「内留」後、何人かの教員仲間から相談をうけたが、自信をもって「機会があれば、ぜひ『内留』に行くべきです」と背中を押すことができました。

「教員生活」における立場・役割の変化—「教務主任」としての「やり甲斐」

　「内留」後、ますます多様な子に出会うことが多くなったが、今までの経験に「内留」で得た知識が加わったことで、どんな子に出会っても驚かなくなっていた。そして、その子たちを中心に据えた学級作りの楽しさも味わえるようになった。しかし、40代半ばになると、クラスの子を育てるだけではなく、学校全体を見渡す役目が回ってくる。

　その日は、突然訪れる。「えっ、今年は学担じゃない？ということは、昨年度のあの子たちが最後の受け持ち？そうと分かっていれば、何か違ったやり方があったかも・・・。」と後悔したものだ。子どもたちとの出会いは一期一会。そう思いながらも、なかなか毎年毎年全力投球するのは難しい。せめて最後の年は悔いなくやり切りたかった。

　突然訪れた教務主任の職に慣れるまで時間がかかった。授業をしていても、子どもとの距離感を掴むのが難しかった。どんなに子どもたちを可愛いと思っても、担任の代わりはできない。ましてや、「担任を超える存在になってはいけない」という思いもあり、どこか中途半端な感情が付きまとっていた。そのような思いもあって、担任と子どもたち、担任と保護者との関係が羨ましく思えてならな

かった。そして、寂しくもあった。

　しかし、数年たつと、教務主任のやり甲斐も感じられるようになった。色々経験する中で学んだことは、「私がやらなければならないことは、先生方が少しでも気持ちよく仕事ができるようにすること。そのために日課や時間割、行事予定を組んだり、授業のサポートをしたりする。そして、直接子どもを育てるのではなく、子どもの様子を通して担任を知ること」であった。そうすると、その先生のすごさに気づいたり、足りない点に気づいたりする。毎日子どもと接している担任より、たまに授業をする私の方が子どもの変化に気づきやすいことも分かった。変化に気づいたときは、なるべく早く伝える。成長が見られたときは、つい言葉に力が入る。同僚からは、よく、「職員室で、いつも子どもたちのことをニコニコしながら話しているね」と言われるが、私自身が嬉しいのだ。嬉しくて話さずにはいられないのだ。担任であろうとなかろうと、私は、やはり子どもが一生懸命頑張っている姿を見るのが好きだった。そして、その話を聞いてくれる先生方の嬉しそうな顔も好きでした。何も担任を羨ましがらなくてもいい。私には私の楽しみがあったのである。

　このようにして、教員生活の晩年は、「級外」として子どもと関わってきた。学級担任でなくても、授業でしか見られない子どもの姿があり、担任とは違う視点で子どもを観ることもできた。また、教員の仕事を少し離れたところから客観的に観ることもできました。「私の教員生活」の中でのこのような立場・役割の変化は、学校・教員・生徒(子ども)などに対する理解の幅を広げ、深めてくれたように思います。

終わりに

　「教員生活」の最終段階で管理職という道を選ぶことはなかったが、それがよかったのかどうかは分からない。教務としての「やり甲斐」を見つけたように、管理職には、また違う「やり甲斐」があるのではないかと思いますが、「私の教員生活」にはそのような経験はなく終わりました。

　「二つの動機」から希望通りの「教師の道」に進んでから 40 年間に特に印象に残ったことを紙数の許す範囲内で綴ってきたように、「教師という仕事」に「やり甲斐」や充実感を得ながら過ごしてきたように思います。しかし、教職の

道に進んだことに全く後悔はありませんが、全てをやり切ったという満足感はないように感じています。だからこそ、飽きることなく続けられたのだろうと今にして思います。それだけ、「教師の道」・「教師の世界」は私にとって奥行きの深い、「興味の尽きない世界」であったからだと思います。その中心に「子どもとの出会いと子どもの成長」に関わることの喜びがあったことは言うまでもありません。

「私の教員生活」は、志を同じくする同業の夫の理解や協力、義母の「子育て支援」、先輩教師の温かい助言や励まし、「内地留学」先の指導教官の指導、保護者の協力などによって支えられてきたように思います。「教員生活」にもそれなりの苦労や困難が伴うことは避けがたいとは思いますが、「前向きに」「目標を持って」「明るく生き生きと笑顔を絶やさずに」その人なりに頑張っていけば、実り多いものになっていくものだと思っています。

「私の教員生活」その七
―悩み・葛藤を超えて花開く教師人生―

はじめに

　大学４年生の時に地元で国民体育大会があり、そのために国体選手として多くの教員が採用された。教員採用は厳しく、一度で採用されることがかなり難しい状況でした。

　そのため、多くの教員志望者が県外に出ていった。私も東京で学校以外の職場に不本意ながら就職しました。教員になりたいという想いが強く、２年後にはその職場を退職し、地元の私立高校の講師として３年間務めることができ、念願の教員生活のスタートを切ることができました。その後、地元の公立学校の採用試験を受けて合格し、公立学校の教員として採用されました。

「喜びと不安を抱えた教師としての船出」

　「教員採用試験」は、中学校と高校の社会科で受験しましたが、配属されたのは希望とは違う小学校でした。赴任当時はなかなか小学校に馴染めず、「いつ辞めようか」と悩んでいました。学生の頃から中・高校生の家庭教師をしていた経験の中で、その年齢の子どもの教育にやり甲斐と楽しさを感じ、中学校か高校の教師になりたい気持ちが強かったので、小学校教師としての自分に満足できなかったのかもしれません。慣れないせいもあって小学生にはなぜか「苦手意識」が強かったように思います。

　しかし、教師として正式に採用された喜びと不本意な感情がかなり入り混じった「教師としての船出」でしたが、可愛い目の前の子どもたちに救われ、ときに励まされ、勇気づけられたりしながら、私なりに前向きに努力した結果が「喜怒哀楽」を含む「31年間の小学校教員生活」でした。担任は16年間、後の15年間は教頭・校長という管理職に就き、最後の２年間は学校外の管理的な職場で仕事をしたので、子どもたちとの直接的な関わりは他の教員に比べてそれほど多くなかったように思います。順風満帆とは言えず、紆余曲折のある「小さな山や谷あり」の教師人生でしたが、私なりにやり甲斐のある充実した「教員生活」だっ

たと今にして思います。

　この本の主旨から考えると、「担任時代」のことを中心に書く方が適当だと思いますので、以下では、「私の教員生活」の中で特に印象に残っていることに絞って書かせてもらいます。

「小学生との交流で意欲が前向きに」

　「新採用教員」として初めて赴任した小学校は、私が住んでいた市より一番遠くにある海辺の、各学年１クラス 30 人前後の小さな学校だった。その学校には２年間在職しましたが、子どもたちとは「教師と生徒の関係」というより、年の離れた兄弟みたいな関係だったように思います。温かい親しみの持てる関係で特別な緊張感もなく、自然体でスムーズに「教員生活」に適応できたので良かったと思います。

　授業は、教員養成段階で小学校教員としての教育を受けていなかったのと「教育実習」などの実践経験もなかったので、試行錯誤の手探り状態であった。しかし、新任教師としての前向きな意欲だけは持ち続けたので、周囲の先生方の助けもあり、何とか授業は成立していたように思います。田舎の素朴な子どもたちの学ぶ姿勢にも助けられ、少しずつではあるが教師としての自信と喜びを感じられるようになりました。

　授業以外では、放課後になると、子どもたちと漁港の横で魚釣りをしたり、学校の近くの山に登ったりした。「山登り」が趣味の私にとっては、とても楽しい時間であり童心に帰って私自身も楽しんでいたように思います。そのような行動に対して、校長や保護者からは何も言われなかったが、今から考えると冷汗ものであった。しかし、放課後の子どもたちの交流を通して子どもを理解し、子どもとの人間的距離が近くなり、小学生段階の子どもに愛着を感じるようになったことが、小学校教師としては経験の浅い未熟な教師であった私にとって、私なりに子どもたちに愛情を持って寄り添うことができるようになった貴重な経験だったと今では前向きに捉えています。そのような体験が多少なりとも報われたのか、当時のやんちゃだった子どもたちと 50 年たった今でも交流している。教師になったことによる細やかではあるが幸せを感じることができる時間であり、教師にならなければ味合うことができないものなので、教師になってよかったと思え

る初任期の貴重な経験であった。

　また、「教師人生」は、現役の教師時代だけではなく、退職後の人生においても「教え子」と共にあるという実感が持てる素晴らしい職業なのだと今しみじみと思っています。

　これまで述べてきたように、小学校での「教員生活」はそれなりに楽しく「やり甲斐」も見出せるようになったが、それ以上に中・高校教員になりたい気持ちが捨てきれず、心のどこかに満たされないものがあった。小学生の可愛い子どもたちを目の前にして、それではいけないと自省しつつ、迷い悩んでいたのも事実です。

　そのような精神状況にあったので、異動した2校目がまた小学校勤務だったのでとてもショックだった。小学校の教員免許証を持たない私に対して、勤務校の校長からは、「小学校の教員員免許を取りなさい」と言われたが、それを取得すれば小学校にずっといることになると思いすぐには取ろうとしなかった。教員を辞めたいという想いも少なからず湧いてきて、その勤務校では全力で教育実践に取り組むという姿勢が少し弱かったように思う。子どもたちには申し訳なかったという想いが今でも心の片隅に残っており、私の教師人生の中で悔いの残る時期でもあった。

　そんな状況にあったので、2校目の学校では特筆すべき心に残る感動的なエピソードは頭に浮かばない。私なりに努力してそれなりの成果を得たとは思うが、教師を目指した時の理想像とは明らかに違う感じであった。無難に日々の教育実践をこなすだけでは、心に残るような素晴らしいエピソードなどは生まれるはずがないのかもしれない。

「覚悟を決めての再出発と実践の果実」

　「私の教師人生」に転機が訪れたのは、3校目の異動であった。その学校は旧市街地にある小学校で、1学年5クラスあった。小学校教師として赴任してから6年が過ぎていた。これだけ「異動希望」を出しても望む校種に勤務できないのなら、「今いる場所で頑張ろう！」とついに腹が決まった。そのように決意するまでに6年かかったが、「私は小学校教師に向いているのかもしれない！」「これも天命！これが天職！」だと前向きに捉えることができた。これからは地に足の

着いた、信念をもって「子どもたちの成長の為に教師として生きる」道を切り拓いていこうと決意し、私なりの意欲と熱い高揚感が湧いてきた。少し消極的だった「私の教員生活」も積極的になり、子どもを含む「小学校の景色」も変わって観えるようになった。小学校段階で何が大事なのか、何ができるのかを前向きに考え、創意工夫する楽しさとやり甲斐を感じるようになった。教師としての「再出発」の時期であったと言えよう。もちろん、この段階では「小学校の教員免許」も取得していた。

「実践の果実—学力向上と探究学習の芽生え」

「学力向上への実践と成果」

　小学校段階の教育は、社会的人間として生きていく上でどうしも必要となる基礎的な学力(読み・書き・計算など)の学習と道徳的心情(優しさ・愛・思いやりなど)を育むことが重要となる。そのことは時代を超えた普遍的な価値といえよう。そのような使命を感じながらの日々の教育実践は、手に負えない非行生徒などの対処に追われることも多い中学校や高校段階の教育とはかなり異なっているのが現実であるように思われる。もちろん、小学校段階においても、時代の変化とともに、「不登校」などの難しい問題も抱え苦慮することも増えてきたが、中・高校などのいわゆる「教育困難校」という小学校は殆ど存在しないと言っていいのではないかと思われる。

　私の勤務してきた小学校では、多少の問題はあったとしても、日々の教育活動は、正常に近いカタチで行われ、特に取り上げて問題視するほどのエピソードは思い浮かばない。したがって、学校を移りたいとか、教師を辞めたいと思ったことは一度もなく、学校の穏やかな日常の中で、私なりに工夫をしながら授業や生徒指導に打ち込むことができたように思います。周囲の教師たちも真面目で研究熱心な人が多く、全体として質の高い教育実践がなされ、成果を上げていたと思います。それは、学力の一側面だとは思いますが、小学生の「学力テスト日本一」という結果に表れているように思い、微力ながら私を含む小学校教師たちの日々の地道な努力が報われたような気がしました。小学校教師になってよかったと思えるとともに、私なりの自信と誇りを持てるようになり、「私の教員生活」もそれなりに楽しく、趣味の「山登り」や「映画鑑賞」を楽しむ心のゆとりも生まれ

てきました。

「探究学習への挑戦と成果の芽生え」

　６年生の担任になったとき、これまでの教育実践を自省的に振り返り、何か日頃の実践から一歩前に進めたいと思いがつのり、色々考えた末に次のような実践を構想してみました。

　それは、６年生が卒業まであと数か月となったときのことであった。担任として子どもたちに「卒業記念」として将来の夢や希望となるものを残しとやりたいというのが直接の動機でした。考え続けた末に思いついたのが、次のような実践でした。

　「教える専門家」から「学習を組織する専門家」へと変わらなければならないという強い自覚があったわけではありませんが、結果として、現在注目されている「探究学習」的な実践に繋がるようなものになっていたのかとも思います。知識がなければ探究心も起きにくいので、知識の理解と活用を重視して実践を積み上げてきましたが、卒業生の心に残り、その学力が「生きる力」に発展していくためには、「自ら考える力」「自ら課題を発見し、それを解決していく力」「一人ではなく協働して解決していく力」などが必要だという想いが強くなりました。とりあえず、卒業前の１月になって子どもが書いた「卒業記念」をめぐる学級会の様子を紹介してみたい。少し長くなりますが、全文をそのまま書かせてもらいます。

　「一月の終わりごろ、学級で卒業記念について話し合いました。最初、いろいろな案が出ましたが、先生から『小さい小さい！もっとでかいことをしろ』と言われ、皆は形が大きいものと勘違いしたのか、『校庭に家をたてる』とか『校舎を壊して造る』など、突拍子もない話が飛び出してきました。その様子を思い浮かべると、今でもおかしくなってきます。しかし、先生は、それに対してさらに『小さい小さい！』と言われたので皆の想像は果てしなく広がっていきました。ようやく先生が口を開きました。『日本の色々な分野で活躍されている人からメッセージをもらえたらいいと思うが』と言いました。皆は大賛成。それで相談の結果、地元出身者で全国で活躍しておられる方々にアンケートを取る事になり

ました。そう決まってからは、皆は力いっぱい協力して作業にとりかかりました。
　一週間後、早速、ある弁護士さんから返事が届きました。クラスは湧きに沸きました。宇野重吉さんから返事がきたときはもうお祭り気分でした」

　この文章からも分るように、子どもたちは目を輝かせ、このような課題に級友たちと協力しながら積極的に取り組みました。具体的な行動としては、班に分かれて、図書館に著名な地元出身者を調べに行くグループ、地元の新聞社に聞きに行くグループ、正月の新聞の「年賀欄」から探すグループ、アンケートの内容や「お願い文」を考えるグループ　、またアンケートの結果をどうやってまとめるのか考えるグループなど、それぞれのグループが活発に議論しながら大忙しでした。
　アンケートは、学者・作家・詩人・医者・弁護士・社長・スポーツ人・芸能人・政治家など計 90 人に手紙を出し、70 人から返事をもらいました。
　子どもたちが考えたアンケートの内容は以下の 6 項目です。

・小学校時代の思い出
・本県に対する印象
・小学校時代の将来の夢
・今の職業につくまでの努力や苦労
・小学校時代に好きだった教科、嫌いだった教科
・私たちにメッセージがあればお書きください

　このような学習活動の試みは、教科の指導などのように先を見通すことがかなり可能な実践ではなく、どちらの方向に向かうのか、何を学ぶことができるのかがなかなか見通すことのできない難しい実践である。子どもたちの主体的で自主的な生き生きとした学ぶ姿を観ていると、また、話し合い議論することで認識が深まり行動に積極性が出てくる様子を観ていると、教科学習を中心とした教師主導の「授業実践」とは明らかに異なる学びが展開されていた。教師の指導や助言がどこでどのように入るのが適当なのか、難しい課題であるが、「探究学習」的在り方が国レベルで推奨されている現代の学校教育においては色々試行錯誤しな

がら実践していく必要があると言えよう。

　今回の実践は、「卒業記念」に何かを残したい、子どもの心に残る「卒業記念」を贈りたいという素朴な動機で始めたものであるが、想像以上の成果を生み、その後の「私の員生活」に大きなインパクトを与えることになった。また、子どもたちにとっても、地域の先輩たちの「生き方」を具体的に知り、卒業後もその成果を読み返すことによって、将来の進路選択や「生き方」に何らかのカタチで参考になるのではなかろうか。「卒業記念誌」という「宝物」を手に入れたとすれば、教師としてこの上ない喜びである。

　アンケートの結果をまとめたものは文集として卒業式にクラス全員に配った。保護者の皆さんにも感動を与えるものになったようで、何か協力させて欲しいという申し入れがあった。そこで通信費や印刷代などを負担してもらった。

　このような子ども・生徒が校外にまで出ていく「探究的な学習」は、保護者や地域住民の眼にも触れることになり、地域社会が「生きた学習の場」になる可能性も広げることになる。

　そのことによって学校教育に対する地域住民の理解と協力や支援が期待できるのではなかろうか。「私の教員生活」も地域への広がりを感じる中で、「地域の中の学校」という考えが強まっていった。

終わりに

　これまで綴ってきたように、「私の教員生活」は最初から順調だったわけではない。「希望した校種」に就けないという不本意な部分を内包した迷い・葛藤を抱えた船出であったが、外的な条件に促されたとはいえ、「小学校の子ども・生徒と共に生きる」と決断した後は、信念を持って教育実践に打ち込み、学校経営にも当たることができたと思います。教師になったことに悔いはありません。私なりに幸せな教師人生でした。

「私の教員生活」その八—「教育は創造的な営みだから興味深い」 と感じて挑戦してきた日々—

　私は、地元の国立大学教育学部を卒業した後、女性教諭として小学校、中学校それぞれに十数年間勤務し、指導主事を務め、教頭や校長を小中学校で経験後、現在、母校の小学校（児童360名）で校長をしています。

　教育の世界は多様な価値で溢れているように感じます。本物の学びとは？教科を学ぶことの面白さとは？「自由と規律の共存」とは？何を核として学校を創るのか？同僚性・協働性を高めるためには？まだまだ多くの問が存在し、それぞれに答えも多様で、試行錯誤の過程にある問題も少なからず存在しているように思います。

　複雑で不確実な未来社会に向かい、教育の世界で求められる価値も「普遍的なもの」の再認識に加え、時代に即応した変化も重視していくのは当然のことだと思います。このような色々な課題を抱えた時代の中で、私なりの「創造的な営み」を重視しながら、「未来社会を創る子どもたち」を育成していくことにやり甲斐を感じています。

新任期の「校長の助言」—「授業を追究する原動力」に

　新採用から数年間は、私の長い教員生活を方向付ける「原点」になったように思います。私は、最初、地元A市内の文化の薫り高い小学校に勤務し、３年生を担任しました。子どもたちとの出会いの瞬間が鮮やかによみがえります。

　校長先生は美術が専門。私が図工の授業をしていたある日、校長先生がそっと教室に入ってきました。子どもたちの様子や描いた絵を見て、何も言わず出て行ったのです。そして、放課後、校長先生は私にこんなことを伝えてくれました。

「筆を置いた瞬間を見る」・「子どもは上手に余白を残す」

　「一人ひとりが、真っ白い画用紙のどこに一番始めに筆を置いたのかをよく見なさい。一番始めに筆をおいた部分は、子どもが最も集中して居るところです。その部分について、子どもとじっくりお話をするのです。共感するのです」「そ

して、必ず全員と」と言われました。

　それからの図工の時間は、楽しくもあり、苦しくもありました。

　筆を置いた瞬間を見る。心の目を開く。一人一人に声をかける。教室の空間を広く取り、床を大胆に使い、子どもたちが思い思いの方向を向き、絵を描いていく。

　「へえ、メリーゴーランドが空にうかんでいるんだ。わくわくするねえ！」と私が伝えると、楽しそうに語り出す出す子ども。そのような「やり取り」があると、教室は集中した空気につつまれていきます。「子どもに作品をつくらせる図工」の時間が、「子ども自身が自分と向き合い作品を生み出す図工」の時間に変化していくように感じました。

　校長先生はまたこんな話もしてくれました。

　「子どもは、上手に余白を残すものです。子どもに備わった素晴らしい感性です。しかし、大人が、その余白を何かの色で塗らせてしまい、台無しにしてしまうのです」。

「自由と規律の関係」

　「あなたは、自由とは何か、ということを考えたことがありますか。自由とは、けして勝手気ままなものではなく、自分でつかみとっていくものです。教室に飾られている子どもたちの絵を見れば、その学級の子どもたちの精神が自由なのか、縛られているのかがわかりますよ」

　「子どもは余白を上手に残す」・「自由と規律の関係」などについては、私なりに受け止め、納得できたので、その後の教員生活に良い意味で影響を与えてくれたように思います。

「授業を追究する原動力」

　図工の時間は大人の思う「上手な絵」を描く子を大量生産する時間ではない。その教科をたとえ忘れ去ったとしても確かに残っていくものは何だろう・・と自分に問いかけました。創造性、発想力、構想力、豊かな情操・・。色々なことが頭に浮かび、私なりに答えを出せるように努力しました。

　子どもの成長につながるようなエネルギーを引き出すためには、「対話」と

　「子どもをまっすぐ見る目」が一つの鍵になると、その時感じていました。教師と子どもとの対話、子どもと絵との対話、子どもと子どもとの対話。ここぞと思うタイミングで引き出す、価値づける、感動する、時にアドバイスする。そして教科の本質に迫っていく。授業の面白さと難しさを同時に感じ、変化し成長していく子どもを実感できたことが、「授業を追究する原動力」になっていったと思います。

　失敗も多くありましたが、このような経験は、他の教科の授業にも生かされていったように思います。

「教員生活」・「教師人生」に彩りを加え、視野を広げた「海外研修」
―メキシコで出会った夢を語る子どもたち―

　30 代では、メキシコシティから 300 キロ離れたグアナファト州の学校を訪問する機会を得ました。2 週間の研修でしたが、強烈な印象として残っています。

　周囲に広大なトウモロコシ畑が広がる中学校で行われていた歴史の授業では、自分の意見をもつことが重要視され、活発に意見交換する生徒の姿がありました。帰宅する生徒達に家で何をするのかと訪ねると、農作業、お手伝い、勉強、遊び、と答えが返ってきました。「太陽の国」の真っ青な空の下に明るい表情が映えていました。

　高校の数学の授業では、考える力や表現力を育成することがねらいとされ、挙手による発言が習慣化されていました。学校の一角には大量の水や食料がおかれ、生徒たちがそれらをユカタン半島の洪水で避難している人々に送る準備をしていました。将来の夢を尋ねると、どの生徒も自らの夢をはっきりと語ってくれました。どの子も明朗快活そのもので、国旗の行進や、1,000 人の生徒のウエーブによる歓迎などもありました。

　一方、街の中では、靴を履かない貧しい身なりの子どもが、物を売っている姿も見かけました。

　巨大なピラミッド、スペイン侵略の歴史の跡、サボテンや穀物の広がる大地、カラフルな街並み、随所に見られる芸術。そこで私が見たのは、メキシコのほんの一部かもしれませんが、貧困に苦しむ社会環境にあっても、瞳を輝かせ、にこやかに話す強い意志を持った子どもたちの姿でした。

　私は当時、中学校３年生を担任しており、自分の子どもは８歳と５歳で小さかったのですが、推薦して下さった教育長や学校の応援や家族の理解もあり、実現できました。今でも周囲の支援してくれた人たちに深く感謝しています。

　日本とは違った文化や教育に直接ふれる経験は、教師人生に彩りを加え、見える世界を広げてくれます。メキシコの子どもを動かしているエネルギーは、「生きることへの強い欲望」「憧れ」「社会への関心」そして「国を愛すること」。まだまだ、私が知らない事実もあると思いますが、関心を持ち、視野を広げることの大切さを実感できたように思います。

　そして、このような体験を通して、改めて、子どもの「生きる力」「子どものエネルギー」の素晴らしさを感じることになりました。

「数学の授業」への新たな挑戦と創造―「教える」から「つかみ取る」授業へ

　30 代中頃からは中学校教師としてのやり甲斐と難しさを感じると同時に、担当教科である数学の授業がどんどん楽しくなっていきました。協働的な問題解決の過程で思考力や表現力を伸ばし、数学を学ぶことの意義を実感できるような授業を創造することに喜びを感じていきました。対話を重視した、生徒が「つかみとる」授業への転換です。新採用の図工の授業で教科を忘れ去ったとしても最後に残る力を感じたように、中学校の数学でも同じことを感じていました。（もちろん教科そのものでつける力も大切ですが・・）

　以下は中学３年生のある生徒が卒業前に書いた私の数学の授業に対する感想文的なものです。

＜A生徒＞

　「中学校の数学の学習を終えて、数学の世界の美しさというものを学びました。私は、最初は方程式や定理などにそって、ただ問題を解いているだけでした。しかし、今では、学習してきたことが全てつながっていると感じ、問題を解く上での考え方が変わっていきました。そして、答えまでの過程を考えるときに、もっと他の方法はないか、簡単にできる方法はないかと、一緒に考えられるようになりました。数学の世界が自分のなかで広がっていったと中学校の数学で感じました。」

＜Ｂ生徒＞

　「最初は解けないなと諦めていた問題に対して、別の方法はないかと時間をかけて考えてみたり、友だちと相談し合って良い方法はないか探したりすることの大切さを知りました。中学校に入ってから、諦めようと思っていた問題も、とりあえず一度考えてみようと思うようになりました。そのときにわからなくても、後になって意味が分かったときはとてもうれしかったです。時間をかけて悩んだ問題ほど、答えが出たとき、意味を理解できたときの喜びが大きいということを先生の授業で学ぶことができました。今までありがとうございました。高校に行っても、何事に対しても、一生懸命考えるようにしてみようと思います。」

　私が大切だと思うことと、生徒が大切だと思うことが一致した瞬間です。学ぶ意義を実感し、社会に出ても、「生きてはたらく力」をつけていきたいものです。

　思い出せば、大学時代に「開かれた学習意欲」について学んだことが、ここで形になってきたのかもしれません。

「教員生活・人生」の転換期—「校長として見える景色」から「目指すもの」へ

　女性の校長は今では普通のことですが、40 代前半までは校長職に就くとは考えていませんでした。これからの時代は、キャリアプランに管理職を入れるのも自然のことになるように思います。

　自分が思い描く学校を創るという点で、校長職は魅力あるものです。

　指示されたとおりに動く従順な児童生徒ではなく、問題意識を持ち、新しい価値を生み出していくような、主体的に生きる児童生徒を育成したい、そのために学校をどのように創造していくのかを考えています。これは私が大学時代から持ち続けている課題だともいえます。

　協働的な教師集団づくり、教職員の意識改革、子供の主体性・創造性・協働性を伸ばす教育活動、OECD ラーニングコンパスにあるような「新たな価値を創造する力、責任ある行動をとる力、対立やジレンマに対処する力」を未来につなげていくこと・・などの課題は、自分自身のエネルギーになっています。

　身近なこととしては、昨年校長として勤務した中学校では、生徒・保護者・学校が一体となって校則の見直しに取り組みました。校則は最終的には校長が定めるものとされていますが、見直しの過程に生徒が主体的に関わることは、社会を

創る力の育成においても意味あることです。自分たちの校則を自分たちで改善していくことで当事者意識を持つ（主体性）、多面的な視点で対話を繰り返し合意形成するプロセスを経験する（協働性）、古い価値観にとらわれず必要な改善案を作り出す（創造性）、これらの活動が生徒の未来の力にもつながるであろうと思っています。

　時代が変化していく、課題も変化していくということは、困難にもぶつかりますが、わくわくすることでもあります。考えたり、議論したり、情報を集めたり、ともに喜んだりしながら、学校づくりを楽しんでいこうと思っています。

「私の教員生活」その九　—試行錯誤の日々と実践の果実—

高校教師としての船出

　私の教員生活は、大学で社会科の教員免許を取得し、卒業してすぐある小島の都立O高校の定時制から始まった。大学時代に家庭教師を経験した中で、「教えることの楽しさ」を実感し、中学校の教師になりたいと思っていたが、卒業時の教員採用枠に「中学校社会科教員」がなかったために高校教員として採用された。少し不本意な部分はあったが、教員になれたということで嬉しさと高揚感があり、先ずは順調な船出となった。

　その定時制高校は４学年まであったが、生徒数が少なく、各学年１クラスで合わせて４クラス、１クラスの人数は 10 名足らずのごく小規模の学校であった。教員も 10 名ほどで、その年齢層はほとんど若年層で、学校生活はユニークな編成のもとで行われていたように思う。

　私の教員生活のスタートは、１学年の担任と社会科と英語の担当から始まった。英語の免許がないのに英語の授業も担当するというかなりいい加減な仕組みであったが、異議を唱えることもせずそのまま担当した。少人数の良さは、何と言っても生徒一人ひとりに目が行き届きやすいので、何をするにしてもゆとりをもって取り組めたことだろう。その代り刺激が少なくもの足りなさを感じていたが、それでもひどい違和感を覚えたことはなく、全体的には楽しくやり甲斐のある教員生活を送れたと思う。生徒と私の年齢差はそれほど離れていないため、私から見ても、生徒と教員との関係というよりも何か兄弟の関係のように思われ、緊張感が欠けていたという弱点があったかも知れない。しかし、その様な教育環境は、経験のない新任教師の最初の職場としては恵まれていたのではないかという思いもあった。

　その当時の生徒はどんな感じをもっていただろうか。最近、数人の卒業生に聞いてみた。

「当時の卒業生の感想・評価」
「先生とは友だち感覚でよかった」

「家族的で、神経をぴりぴりしなくてもよかった」といえる

「今になって、勉強をさぼってしまったことを後悔している。でも、社会科の授業などで先生に教わったことで、政治に興味を持つようになった。それは仕事でも役にたった」

「今までただ古臭い国だと思っていた中国について、社会科の授業で先生から、中国は今に進化していくと言われたことが印象に残っている。現在の中国はおかしいことがいっぱいあるけれど」

「学校祭で販売するために先生と山芋堀に行ったことが楽しかった」

「僻地の小島に先生として来てくれて、立派だと思っていた」

「若い先生方が、一生懸命やっているなと感じた」

「先生方は、お休みのときは小島を満喫していると感じた」

「定時制でも、がんばれば何でもできるんだと思った」

　このような感想を聞くと、新任期の定時制での４年間の教員生活は、生徒や私自身にとってもそれなりに楽しく有意義なものになっていたように感じられ、少し安堵した。

最初の挫折と教訓

　その中で、私の教員生活に大きな影響をもたらした出来事があったことを鮮明に覚えている。私が失敗をした最初の出来事であった。

　ある授業で試験をした。試験は普通なら一回勝負だが、満点を取るまで何回も試験をやった。女子生徒のＡさんは一人満点がとれずに繰り返して試験を受けた。ここで私が軽い気持ちでＡさんに言った言葉が問題だった（後で後悔したのだが）。「どうせやってもなかなか満点は取れないだろうけどね！」

　私自身の本当に軽い気持ちで発したこの言葉が、生徒にとっては重い意味を持つことなど少しも考えなかった。生徒の中に、私の発言を差別的言葉ととらえた者がいたのだ。感受性に優れた生徒と言えよう。この生徒が他のメンバーに訴え、クラスのメンバー全員で私に抗議する行動に出た。私の授業をボイコットしたのだ。いきなりのボイコットに私は面食らってしまった。しかし、私は冷静になって考え、私の発言に問題があると思った。恐らく生徒側から言われて気づかされ

たのだと思うが、その間のことは残念ながら記憶にない。

　そして私はこの問題で重大なことを学んだ。生徒は、差別的発言に対して敏感に反応することを。それに抗議して行動する手段を知っていることを。生徒は生徒同士で影響し合い変わるということを。教員が生徒に接触するときは、中途半端ではなくあくまで生徒の立場に立つ必要があることを。その後の私の教員生活に多大な影響を与えた出来事であった。これ以降、私はこのことを忘れないように心がけ教育活動に携わってきたつもりである。

力不足・悪戦苦闘の日々・準拠集団としての同僚教師の支え

　その高校の定時制の教員生活は、4年間で終わった。そして都内の公立高校に異動することになった。島での教員生活が3年続けられれば、異動先は希望する条件の学校になるだろうという期待があったが、その期待は大きくはずれることになった。異動先は、退学者が数多く出ている公立の全日制のK工業高校で、担当科目は社会科といっても私の専門外の地理であった。通勤時間も1時間半以上もかかる学校であった。

　工業高校は伝統がある学校が多く、希望校として工業高校を選んで入学してくる生徒が多かった時代は過去のものになりつつあった時期で、普通高校に入れなかった生徒が多く入ってきていた。そのためもあり、学校生活に馴染めない生徒も多く、そのことが退学者を多く出す原因だったように思われた。

　そのような学校でも、学科によっては落ち着いていた生徒が多いように思われたが、私の担任した学科の生徒は学校生活に馴染めない生徒が多かった。そのような学校に赴任し、担任をしながら不得手の地理を担当した。しかし、自分なりに一生懸命教育活動に専念したつもりでいたが、結果的に私の力不足だったように感じた。まさに悪戦苦闘という感じで、なかなかうまくいかなかった。特に担任としてはどうしてよいか分からないくらい退学者が出た。同じ学科の担任でも退学者を出さない落ち着いたクラス経営をしている同僚のやり方に見習おうとしたが、どうしてもうまくいかなかった。地理の授業は、グループによる発表形式を取り入れたので、それなりに楽しい授業になっていたように思われたが、本来の地理の授業からはもの足りないと自分でも感じていた。

　結局、この学校での教育活動は3年で終止符を打った。私なりに一生懸命頑

張ったつもりであったが反省ばかりが残った3年間であった。それでも3年間もったのは、同僚の先生方の色々な支えがあったからだと今でも深く感謝している。この時期に理想とし、目標にしたい教師に出合ったことも幸運であった。また、教師の仕事の難しさ、大変さを体験した時期でもあり、このままではだめだという実感が私なりの向上心に火をつけ、一層努力する必要性を感じた時期でもあったように思う。

　そのような時期であったが、担任だった当時の生徒から今でも便りもらっていることで「私なりに努力した姿」が少しは生徒に認めてもらえたのかと思い、少し救われた気持ちになっている。

視野と行動範囲の拡大―教職員の組合活動への参加

　この期間、私は日教組（日本教職員組合）に強い関心を持つようになった。この学校が日教組の傘下にあった教職員組合の分会で、その活動が活発だったこともあり、教職員の労働運動にも強い関心をもった。組合活動は賃金などの労働条件の改善に力を注ぐだけでなく、当時悩んでいた生徒指導や教科指導など教育面にもエネルギーを注いでいることにとても魅力があり、学ぶことも多いような感じがした。

　私は教育関係の資料や本をさかんに読み、組合が主催する集会にも参加し、教職員の労働運動や現実に生起している教育問題や課題についても考えるようになった。また、社会科の教員として、授業だけでなく教室の外に出ることが必要ではないかと考え、関心のある集会などにも参加した。一人の市民として参加したことは、やがて私が住んでいる地元の市民運動への参加へとつながっていった。そういう意味でも、この3年間は貴重な体験の時期で、教師としての自分自身の視野と行動範囲を広げたように感じている。

　反省の多い悪戦苦闘の学校での教員生活と学外の組合活動への参加が、後の教員生活での私なりの努力や情熱の質や量を方向づける糧になったように今にして思う。教員としての自覚と責任感が一層強まったという意味でこの時期の「教員生活」を肯定的に受け止めている。

充実した教員生活・創意工夫と実践の果実

　試行錯誤の連続だった工業高校から異動した勤務校は、普通高校の全日制の公立Ｔ高校であった。その学校に異動して正直、夢のような気分であった。実に落ち着いた学校だったからである。前任校での経験を活かしながら、この学校では、私は私なりに自由に色々工夫しながら思い切り教育活動に専念出来た。

授業での工夫―新聞の活用と議論

　私は一年生の担任になり、世界史と政治経済の授業を担当した。

　政治経済の授業では、生徒の個性を生かす目的もあり新聞のスクラップブックの課題を出した。新聞を切り抜きノートに貼りその記事について感じたこと考えたことを自由に書いてもらった。そのような作業を半年に渡って課した。半年続けるということは私自身もかなりエネルギーを使い、生徒にとっても結構しんどい作業だったと思われる。その代わり新聞を読む習慣が身につき、社会に対して目を向けるようになる効果が少しずつ表れてきたように実感できた。

　私からは必ず感想を書いてやり、励ましたりした。生徒の中には感想や考えを多く書く者も少なく書く者もいるが、そのことは気にせず続けることを目標として継続した。

　また、この授業では意見を発表する機会も設けた。特に象徴天皇制については多くの意見が出て、生徒同士が喧々がくがくとやりあったことが今でも強く印象に残っている。他の生徒の意見を聞き、それに対して自分の意見をぶつけることで双方の認識が深まっていく過程が認識できたので、このような生徒主体の授業形式の活用をこれまで以上に工夫していく必要性を強く感じた。

担任としての実践と信念の形成

　担任としては３年間クラス替えがなかったため、いわば「情が深くなる指導」ができたように思う。担任としての日々の生活が「私の教員生活」の中核にあり、そこに教員としてのやり甲斐を感じていたので、具体的な実践例を紹介することで振り返ってみたい。

「合唱コンクール」と生徒たちの成長

　一年生の時に合唱コンクールがあった。その時に生徒に書いてもらった感想文が当時の学級通信に残っていたので、それを手がかりにして考えてみたい。少し長くなるが以下にその「学級通信」の一部を載せてみる。

　「Ｔ高校に入学して初めての文化祭が終わった。この初めての文化祭。僕自身大成功だったと思える。僕には合唱コンクールのリーダーとしてクラスをまとめる仕事が与えられた。

　僕は音楽が大好きだったので、この仕事にとっても意欲をもって練習を始めた。コンクールでうまく歌えるようにと早めに練習に入った。だからトントン拍子にことは運ぶだろうと考えていたが、現実は甘くはなかった。昼間練習すればみんな歌ってくれない。放課後になれば人数が集まらない。いくら僕が声をはり上げてどなっても結果は同じである。いや、なおひどくなっていくようにみえた。そうしているうちに時は過ぎていく。だんだん焦りの色が見え始めてきた。こんな中において、僕のとっても励みになったのは、Ａさん、Ｂさんの２人である。彼女らは声をがらがらにしながら皆に呼びかけている。そして風邪をひいて熱をだしながらも頑張ってくれた。本当にとってもうれしかった。この２人のためにも頑張らなくちゃ。そんな気持になった。

　コンクールの日がせまってきたある日、ついにリーダーの２人が、こんな状態だったらもう練習をやめようよと言い出してきた。僕も同意見であったので、みんなにこのことを発言、この問題が HR で討議されることになった。しかし、この場でもたいした討議は行われなかったが、リーダーの悲痛な叫びを聞いてみんな反省したようであった。それからの練習は今までよりははかどったが、クラブがあるなどといって参加しない者がまだ多数いた。僕にいわせれば、クラブはいつでもできると思う。それよりもクラスのまとまりを作っていく大事なこういう機会には、是非ともすすんで参加すべきではないだろうか。こういうふうに参加してくれない人も中にはいたが、前よりは皆かなり協力的になってくれて能率よく練習ができた。

　ついにコンクール当日、定刻の時間より少し早く集まってもらって軽く練習をした。朝だからだろうか、声の出が悪い。そんなことをあれこれ考えているうち

に舞台の時間がせまってきた。講堂の外で待っていると他のクラスのコーラスが聞こえてくる。もうすぐ自分たちの番だと思うと胸がどきどきして、しゃべる声もとぎれとぎれである。パチパチ、講堂から拍手が聞こえてくる。前のクラスが終わっていよいよ僕たちの番だ。指揮者の指揮棒が動きだした。みんな懸命に歌っている。いいぞ！その調子。パチパチという拍手があり、すべてが終わった。そう、僕には文化祭すべてが終わったような気持であった。あとはコンクールで入賞できたかどうか、結果をみるだけであった。（中略）

　数十分たった頃であろうか、女子がかけこんできた。我々の組は２位に入賞したことを告げた。どの顔を見ても喜びに満ちている。「そう、これなんだ！僕の求めていたものは」。クラスみんなで１つのことをなしとげた喜び、そして自信、これが高校生活じゃないか。生まれも、生い立ちも別々の人間同士が１つのことを成し遂げる、それにもまして勝利。素晴らしいことじゃないか。文化祭でのこの大収穫。みんな忘れないでほしい。そしてこのことをきっかけにして、みんなでクラスを前進させていこう。ただ適当に何もかも過ごす高校生活なんていやだ。有意義な密度の濃い高校生活をめざしてみんなで協力していこう」

　以上のことは、クラスが「クラスとしてのまとまり」を見せ始め、「クラスとしての発展」を予感させる出来事であった。

　合唱祭の練習で最大のピンチに陥った時、リーダーの１人Ａさんは、涙をこぼしながらクラスのみんなに訴えた。その涙のシーンを担任だった私は今でも鮮明に覚えている。Ａさんは感想文ではさらりと「合唱では、少しトラブルがあったけれど、最後にはみんなが協力して立派な合唱になり、ついには２位にまでなった。これもみんなの努力の結晶なのだ」と書いている。

　ここで書かれている「生徒は生徒同士で変わる」という精神は、その後の学級生活に生かされていったと思う。それは特にその後の学校行事などに表れていた。

　３年時の学級通信に私は書いている。「今年の T 高校祭（文化祭・体育祭など）を通じて、私は"みんな成長したな"とつくづく感じました。（中略）なんといっても特筆されるのは映画。脚本、テーマソング、カメラワークなど、すべて自分達のもの。内容は、揺れ動く高校生の心や生き方をとらえたもので題して"未完成"。この映画を見た多くの人は、内容・撮影技術ともすばらしいという感想を述べてくれた。その後、図書部からこの映画を見る機会をあらためて設けた

いという申し入れがあった程です」

　生徒たちの自主性を重んじ、場合によっては、必要以上に教師は口を挟まずに生徒の活動を見守ること。そのことの重要さを体験を通して強く再認識させられた貴重な時期でもあった。

学級経営におけるホームルームの重視

　これまでの経験から私は生徒同士の話し合いを重視するように心がけた。「生徒は生徒によって変わる」という考えからである。そこで学級経営では、HR をこれまで以上に重視することにした。

　T君の「喫煙問題」についてもそれをクラスの生徒に紹介し、単に個人の問題にして終わらせなかった。T君が喫煙事件をおこし３日間の謹慎処分を受けた問題である。私はクラスの議長、副議長、それに本人を含めて、この問題を HR に出したいがどうかということを長時間相談した。結局、３時間ばかり時間をかけて HR でこの事件を含めて喫煙問題を話し合った。この時の生徒の発言内容は、当時の職員会議でプリントを配布して報告した（この記録が残っていないのが残念である）。この HR は、T君にも他のクラスメートにとっても、"仲間"というものを改めて考えるきっかけになったことは明らかであった。T 君も私にそのようにもらしていた。

　このような経験を経て、このクラスの生徒たちは、「『仲間』を考えることは自分を考えること」だと考えるようになったと確信している。そのような生徒たちからも学びながら、担任教師としての教育実践・クラス運営の成果が「実践の果実」として実感できるようになったことに「教師としての充実感」に浸ることができた時期でもあった。

「学級通信」に込められた担任としてのメッセージと保護者の感想

　３年間の担任を降りる日が来たとき、私は最後の学級通信の中で「若者よ明日に向かって飛べ」と題した次のような文章を書いた。長いのでその一部を載せてみたい。

　「担任になったとき、私は大きな目標を３つ立てた。１つは、全員卒業させられるよう最大限粘りに粘っていくということ。２つめは、生徒は生徒によって変

わっていくという私の信念（ウーン 100％自信はないが）に基づき、ホームルームを揉んでいくこと（よい意味で混乱をつくるということ）、3つめは、学級通信を1週間に1度は出していくということ、こういうことであった。もちろん、これらを成功させるためには、生徒諸君や保護者、先生方の協力を必要としたことは言うまでもない。（中略）それにしても、やり残した点は多い。これからの課題にしよう。」

　最後に、保護者の方からの感想を1つだけ載せてみたい。

　「長い年月がたち、その時、いただいてきた"学級通信"の重みのあることがわかってくるでしょう。これが最後の通信かと思うと、私は子どもの手からひったくるようにとりました。みるみるうちに熱い涙が頬を伝わり、それを拭っては読み、また拭っては読みました。色々な事を思い出しながら（後略）」

　私なりの想いを込めた「学級通信」を出したり、生徒や保護者の文章を読ませてもらい、「教師になってよかった！」と実感できた充実感に満たされた時期であった。

　長い教職体験の中で得た知見から、できる限り生徒の自主性を大切にしたいという私の思いは、その後の赴任校でも変わらなかった。その方が生徒の学校生活の中に創造性が生まれ、学級集団の中に活気が生まれる可能性が高まるという確信を持つことができたからである。

進路指導に関する反省と成果

　「教員生活」の中で、生徒の一生を左右しかねない「進路指導」は責任のある仕事である。人生観・職業観・社会観など、教師自身の「人間力」が問われてくるからである。

　私は、進路に関して特に大学受験を希望する生徒に対してもっときめ細かい指導をすべきだったと反省している。例えば、H高校の生徒は大学受験に関して学力的には必ずしも楽観的ではなかったが、それだけに学力面だけではなく、「生き方」まで踏み込んだより細かい指導が必要だったのではないかと思った。その点での反省があった。

　一方、進路指導などで効果があった面を少し紹介させてもらう。ある生徒が卒業にあたって私に手紙を渡してくれた。少だけ省略して紹介させてもらいます。

　「オサム(愛称)先生には、高校生活の中で最も大切な初めと終わりの２年間とてもお世話になりました。１年生の時、不安がいっぱいだったのに対して先生がギャグとかを飛ばしてくれたおかげで、とても楽しい１年間が送れたのを覚えています。そして３年生になってオサム先生のクラスだと知った時、正直すごくホッとしました。先生はとても面倒見のいい先生だったから、進路についても他のことでも、何か壁にぶつかった時頼れると思ったから。私はいつだっていい加減で先生を困らせてばかりいたけれど、先生はどんな時も私のその期待に応えてくれました。３年間を通して一番お世話になった先生はオサム先生だったと思います。先生が居てくれたから今の私が有るとも言えると思います。おかげ様で進路も決定しました。だから、これからは社会人として、今までは人にたよったり甘えたりする事しか出来なかった私だけど、しっかりと目標を持って一歩一歩前進していこうと思います。そして、いつの日か立派な社会人になって胸をはって先生に会いに行きます。楽しみにしていて下さいね。本当にいろいろとお世話になりました。ありがとうございました。」

　私なりの努力が、私なりに報われた気がする「手紙」だったので、少しホッとしたのを今でも覚えている。

「教員生活」における部活動の指導

　ここでH高校における部活動と私の関係にも触れておきたい。

　私が硬式野球部の顧問として本格的に活動し始めたのは、さかのぼればT高校に在籍していたときであった。元々草野球の経験しかない私は、硬式野球の指導力はなかったためT高校時代に生徒などから硬式野球の技術や監督業について教わって顧問を勤め始めた。始めてみるとその魅力に強く惹かれるようになった。その時以来、放課後も休日も時間があれば野球指導に専念した。幸いなことに研修日があったので、その日に体を休め、授業研究に時間を取ることができた。それはF高校時代においても変わりなく、当然のようにH高校でも部活動の指導に力を入れた。練習、対外試合、合宿など家庭のことなどあまり気にせず部活動に専念したことは楽しいことだったが、今思えば、自分の子どもの教育も妻まかせの生活で、決して褒められたものではなかったと深く反省している。これも後の祭りである。夏の大会でベスト 16 まで進んだ時は家族も喜んでくれたのが、救

いといえば救いだったが、ある意味、自己満足な姿勢だったようにも思える。「やらされる」のではなく、「自ら進んで楽しいからやる」場合でも、家庭生活と部活指導との両立は難しい問題であることは私なりの体験を通して実感した。しかし、その人なりに努力すれば克服できない課題ではないようにも思われた。そのことは、「授業実践」や「生徒指導」と「部活指導」の両立に関しても言えることだと思う。振り返ってみると、「部活動の指導」が大変だからといって、本務的な活動を疎かにしたことはないと自負している。改めて言うまでもなく、「プロの教師」として当然の生き方だと思っていたからである。

「教員生活」における処分問題

　H高校時代に私に降りかかった問題が発生した。いわゆる「日の丸掲揚を妨害した」とみなされて起こった処分問題である。某年３月、教育委員会は私と同僚２人に対して、私に戒告処分、同僚２人に文書訓告の処分を言い渡した。同年のH高校の卒業式において、「日の丸を掲揚しようとした校長の行為を妨害し、妨害行為を停止するよう上司たる校長から職務上命令されたにもかかわらず、それを無視したこのような行為は、地方公務員法第 32 条違反(職務命令違反)と第 33 条違反(信用失墜行為)違反であり、全体の奉仕者にふさわしくない非行行為である」というのが、処分理由であった。

　事実関係で納得できない部分もあり、処分も不当だと思ったが、教師として、また人間として、当時の信念に基づいた行動でもあったので、今はそれも「我が教員人生」だったのだと肯定的に受け止めている。

終わりに

　こうやって、長い教員生活を振り返ってみると、まだまだ語り切れないことがあるように思われる。それでも全体的に振り返ってみると、失敗も経験し後悔することもある試行錯誤の「教員生活」であったが、私なりに満足できる充実した教員人生ではなかったかと感じている。「教員を止めたい」と思ったことは一度もなく、楽しかった思い出が今も時々脳裏に浮かぶ「私の教員生活」であった。

付論　　体験的「教員生活」を踏まえた提言
　　　—今、迷っているあなたへ—

　私は、昭和 41 年（1966 年）4 月から、平成 21 年（2009 年）3 月までの 43 年間を、教育一筋に歩んできた。それを誇りに思い心の糧として生きてきた。今なお、地域の学校や子どもたちとは、少しばかりの関わりを持って、それを大事に過ごしている。教育の動向についても、やはり関心のあるところである。そういうことで、長きにわたった「私の教員生活」を踏まえながら、私なりに日頃思っている「教育・教師への思い」を書いてみたいと思います。

「教員の仕事」再考

　誰もが将来に対する夢や志を抱いて職業を選択するのだが、今現在の社会や時代の状況に左右されるのはいたしかたのないことである。とは言っても、マイナスの情報ばかりでは、ためらいがちになるのは当然のことかも知れない。果たして、教員の仕事は魅力のないものなのか。

　「働き方改革」と言われ、「コロナ禍」と言われても、子どもの教育が止まることはない。日々奮闘している現場の先生方の姿も見える。たくましい実践者としての、子どもと共にある姿である。

　改めて、教員の仕事、教育の仕事に携わるということについて考えるのだが、「もの」や「金」相手ではなく、命ある「人」を相手に時間を共にするのだということを忘れてはなるまい。成長過程にある子どもに寄り添い支援する。そこに多くの出会いが生まれ、苦労と感動の物語が綴られる。そういう仕事は、ほかにないと言ってもいいだろう。

　子どもを育てる親と同様に、子どもの成長に果たす役割も責任も重大である。親の教育が私的というならば、教員の教育は公的な教育ということであろう。新任当日「全体の奉仕者」（憲法第 15 条）として勤務することを宣誓したことを思い出す。使命の重さ・尊さに身の引き締まる思いがしたのを覚えている。

教育実践家・斎藤喜博から学んだもの

　「子どもの可能性を育てるもの」として書かれた、斎藤喜博の文章を紹介しよう。「学校教育においては、もっとも普通の子どもたちを、しかもそのどの子どももが、何らかの可能性を持っている子どもたちを、学校教育というしごとのなかで、それぞれ引き出し高めていかなければならないことである。」「教育のしごとは、どこまでも教師と子どもとが同行者になり、同じ追求者創造者になっていかなければできないものである。」「ほんとうの教師のしごとは、教師としての実践をすることによって、自分が豊かになっていくのであり、教師が豊かになったとき、子どもも豊かになっていくものである。」（『学級の子どもと共に』から）

　文中にある「教師としての実践」とは何だろうか。小中高それぞれの校種における教員の仕事は多岐にわたるが、いずれもその中心は「授業」にほかならない。「授業」の善し悪しが、子どもとの出会いを決定し、左右するのである。どんな授業を展開すれば、子どもの力を伸ばすことができるのか、興味や関心は高まるのか、試行錯誤しながら研究と実践を積み重ねていくのである。それが、教員の仕事の中心であり、成功も失敗も、喜びも悲しみもそこから生まれてくるものだと言えるだろう。

　「島小教育」をはじめ、日本の教育史に大きな足跡を残した実践家、日本の教育を牽引した偉大な先達であった斎藤喜博から、私は、多くのことを学んだ。そして、「授業」の厳しい実践の中から生まれる喜びこそが、教員の仕事の本当の魅力ではないのだろうかと思ったのである。先ずは、経験すること、実践することから、新しい一歩が始まる。厳しさも、その中で実感することなのではなかろうか。

教師の魅力

　「子どもは先生を選べない」と言われる。子どもと出会うそれぞれが、子どもの成長する過程の1年間を、日々どんなふうに過ごすのか、その及ぼす影響の大きいことを思わずにはおられない。ある日発した一言の言葉を、何十年も経って卒業生に指摘されることもあるのだ。毎日、どんな出会いがあるだろうかと、想像することは楽しいことでもあり、怖いことでもあるだろう。

　一方、こんなことも考えられる。1学級の定数が、45人、40人、35人と少子

化に併せて減少し、今は 20 人前後の学級、10 人前後の学級と、子どもに注がれる教育の質も量も変化し、更には、ＡＩの登場による変革も著しい。そういう意味では、教員の仕事は、常に開拓者の仕事でもある。そう言っていいように思うのである。それは、決して一人ではなく、共に連携して成し遂げられるものである。個と集団が、学校として機能していくことが大事なのである。

　多様な子どもの姿があり、多様な個性を持った教員がいて、学校が学校として機能していく。誰もが己が命を輝かせて成長していく。だからこそ、教育の仕事、教員の仕事は、尊い誇らしい仕事なのである。一人一人の人間の人生に関わって、共に生きるということは、尊い誇らしい仕事なのである。

「若き日の教員生活」を短歌に詠んで

　まだ 20 代の教師であった頃の私の短歌、アララギの歌人でもあった斎藤喜博の『表現と人生』に影響を受けて、日々日記に書き付けたものの中から、数首を以下に抜き出してみる。その当時の教員生活の一端が、わかってもらえるのではなかろうか。

　　　　どうしてもどうしてもこれをわからせたし子らの顔みてゆつくりという
　　　　今よりものちにわかってもらいたきにくらしきことも子らに言いたり
　　　　なに思うひとりひとりの子らの顔みて思案する我は新米
　　　　新雪を踏むくつ音のこころよし子供等と手をつなぎつつゆく
　　　　紙切れに明日の仕事を書きつけて独り黙々と飯を食いおり
　　　　小春日の風冷たき外にいて友呼ぶ子等の声すみきこゆ
　　　　送られしみかんと柿に子ら思う二年すごせし僻地の学舎

終わりに

　今、あなたに願うこと、「なりたい、なろう」という思いの実現に向かって進んでほしい、初心を忘れず乗り越えて行ってほしい、切実にそう思うのです。

＜第三章＞

体験的「教員生活」論から
滲み出る「教職の魅力」

はじめに

　第二章において、本書の主旨を踏まえた貴重な体験的「私の教員生活」を綴っていただきました。そこには、それぞれの個性的で興味深い教師人生(教員生活)が展開されており、改めて「一括り」には出来ない「多様性」と「奥深さ」が表現されていたように思います。

　本書で取り上げている「教員生活」とは、単なる教職論でも、単なる教育実践論でもなく、教員がその職業生活の中で感じてきた「主観的な生活世界」(「主観的な意味世界」)を主に扱ったものです。それらは、歴史的・社会的・政治的・経済的・文化的背景などの影響を受けながら、学校や地域を舞台として、子ども(生徒)との出会い・保護者(祖父母)との出会い・教職員(同僚)との出会い・校長(管理職)との出会い・教育委員会関係者との出会い・地域住民との出会いなどが織りなす「人間関係模様」の中で展開する。「モノ」が介在する面もありますが、その中心・中核はあくまで人間同士の「出会い・交流」であり、そこに第二章で綴られたような様々な「喜怒哀楽」を内包した「教員生活」の興味深いドラマが生まれるのだと思います。

　そのような「ドラマ」は、歴史的に大雑把に概観してみると、①明治期の「国家主義の教育」から始まり、②「大正自由教育」の出現、③昭和初期の労働運動・社会運動の潮流の中での教員意識の変化と新たな動き、④戦前・戦中の「軍国主義化下の教師への役割期待の変化と葛藤」、⑤戦後の「民主主義的教育の担い手としての教師への期待や教師自身の自覚や使命感」、更に、⑥高度経済成長期を経て現代に至る過程で生じてきた「新たな課題に直面する教師」などと特徴づけられる状況の下に様々に展開されてきたように思います。

　「教員生活」も「管理・統制・弾圧・抵抗・解放・期待・希望」などが織り込まれた「山あり谷あり」の歴史を経て現在があるわけですが、それがどのようなものであったかは、最後に示した「推薦図書」の中にもある程度垣間見ることができます。

　この章では、そのような歴史的背景や「様々なドラマ」を出来る限り踏まえつつも、焦点を現代社会の「私の教員生活」に絞り、そこでの喜怒哀楽などを中心とした「教員生活」の主観的意味(やり甲斐・生き甲斐など)を抽出し、公的意義(学校教育が果たしてきた社会的役割と教師の貢献など)とも関連付けながら、

「事例調査」の結果を総括してみたいと思います。

「やり甲斐・生き甲斐・実践の果実」の抽出

　第二章で綴られた貴重な「私の教員生活」という論稿から読み取れる「教職の魅力（やり甲斐・生き甲斐・実践の果実など）を筆者のこれまで述べてきたような問題意識・関心に従って整理し総括してみたい。

　まず、重要と思われる論点について箇条書きにして示したいと思います。

① 　特に共通していることは、「人間・子どもへの関心」「子どもの成長に関わることへの関心と生き甲斐」ということであり、その基底にあるのは「子どもが好き」という素朴な感情である。

② 　「子ども・生徒と創る生活・文化」への共感・喜びであり、そのような経験を通して「共に成長出来る」「楽しみながら自分も人間として、教師として成長出来る」という喜びがある。子ども・生徒と「喜怒哀楽」を共有できることに教師人生の喜びを感じている。

③ 　「教えること」は「本当に分かっている」ことの確認から始まる。本当に分っていなければ分かり易くかみ砕いて教えることはできない。「教えることは学ぶことである」という言葉の真の意味は、そのような教える経験を通して子ども・生徒の理解度を見極め、更に教えることの有効性を高めていくことである。

　　教師は、「教える経験」を前向きに、自省的に積むことで、「確かな教授力」を獲得し、「やり甲斐」を感じて自信を深めていく職業と言えよう。

④ 　生徒に教える前に、「自らの来し方」を省察し、子どもの人間的成長にとって何が大切なのかを理解しようとする努力が大切である。過去の失敗を過度に責めたり、いつまでも引きずるのではなく、「失敗・過

ち・葛藤は誰にでもある」と割り切り、その失敗を「前を向いて努力する生き方」に変えていく大切さが綴られていた。そのような生き方・考え方を「教師と生徒が共に共有」していくことが生徒と共に教師も成長していく可能性を高めることが示唆された。

⑤ 「教師は多忙である」という現実は避けがたいとしても、「多忙である」ということと「多忙感」は違うことが明らかにされた。本書に登場している教員の皆さんは、「多忙➡苦痛」という図式ではなく、「多忙の中にやり甲斐・生き甲斐」を見出している。つまり「多忙の中身」が問題なのである。

　新任期、若い世代、中年世代、高年世代などによる違い、出産・子育てなどの女性教師特有の問題(男性教師の育児問題もあるが)などの性別による違い、核家族か否かなどの家族形態による違い、学校種別による違い、地域環境などによる地域差など、個別具体的・相対的に検討していく必要を感じた。

⑥ 教師は、公的使命・責任、それらに基づく管理体制から完全に自由ではない。「教育専門職」としての現代の教師には、「理想を掲げて信念をもって生きることが可能な職業」(相対的自律性)という位置づけが有力な見方となっているが、今回の調査でも「やり甲斐・生き甲斐を感じている」のはこのような教師たちであった。

　このような教師たちは、「唯我独尊」的・独善的になるのではなく、「開かれた専門職」として自らを高めていくために、「公的研修」や「組合研修」や「校内研修」に積極的に参加してきた。「理想を掲げて信念を持って教える」ことと、「研修の機会を積極的に活用して自らを高めていく」ことで、専門性に裏付けられた実力と自信を深めて「真のやり甲斐」を獲得していく姿が読み取れた。

⑦ 「子ども・生徒との関わり方」において、「子どもに認められ、心が通じ合うこと」が教師としての自信や喜びの根本にあると感じている。

そのような絆を感じる関係ができると、困難に遭遇して悩んだりしているときに「子どもに励まされる」ことがあるという。そして、そのことが立ち直る一番の力になり、前向きに頑張ろうという意欲を生み出している。

⑧　「準拠人」・「重要な他者」としての先輩教師の存在。迷っているときや自信が持てない時に出合う同僚の「先輩教師」の助言が教師の成長にとって重要な契機(ターニングポイント)になる場合がある。「目指すべき理想のモデル」としての先輩教師の存在が重要になるということであろう。偶然に出会う場合もあると思われるが、自ら積極的・意識的に探すことの必要性も示唆されている。

⑨　保護者との良好な関係の構築。学校教育も保護者との共同作業が重要という認識を強く持ち、色々な場面で自ら積極的に働きかけ「共創的」関係(教師と保護者がそれぞれの立場から協働することで新たな状況を創りだすことも可能となる)を構築することで、「裏表のない」子ども・生徒の真の成長が期待できる。
　　そのためには、教室内の授業や学校内の活動だけではなく、地域の子どもの生活実態をなるべく把握し、地域の保護者や住民とも協働しながら子どもの指導に当たることが必要になる。そのような教師の姿勢が地域住民に受け入れられ、支持され、協力を得ることができ、教師のやり甲斐にも繋がっていく。

⑩　人生には、「辛い体験」が原点・バネとなって人生を切り拓いてことがある。
　　教師の場合も、それが教師としての「人間力」となり、多様な悩みを抱えた子ども・生徒に心から共感できる教師になる可能性が高まる。そのような「共感力」も教師の資質として欠かせないものとなり、「生徒と共に生きる喜び」を実感できるものとなる。

⑪　子ども＝人間と深く関わることで、「子どもの中に過去の自分を観る」
　　ことになり、「自分の弱さ・強さ」とも向き合うことができる。そのこ
　　とによって、教師自身が自分をより深く理解し、「教師としての人間味」
　　が増してくる可能性が高まる。

⑫　「生徒指導」の場合は、「圧」や「力」による指導ではなく、愛情をも
　　つて子ども・生徒に寄り添い、理解し、受け入れるという姿勢で対応
　　していくことが重要となる。先ず、子ども・生徒の「あるがままの姿」
　　を無条件で受け入れ(受容)ることによって「心が開かれていく可能性」
　　が高まる。生徒は、「この先生は自分を受け入れ理解しようとしている」
　　と感じたときに、その先生を信頼し、素直な心で先生の指導を受け入
　　れる可能性が大きくなるということであろう。
　　　このことは、「子どもの成長(発達)する可能性を愛する(信じる)」と
　　いう意味で真の「教育愛」を体現している教師といえよう。このよう
　　な教育姿勢によって「生徒との絆」が一層強くなり、学級は、両者に
　　とって楽しく創造的な場所となることが示唆された。

⑬　教育実践の成果(実践の果実)が、教師と生徒の関係に「感謝」という気
　　持ちを育て、教師自身の「やり甲斐・生き甲斐」を生む。「感謝される
　　教師」になっているかどうかを自省しながら日々の実践に取り組むこ
　　とで、教師になった喜びと充実感が味わえるということである。

⑭　「教師の使命は、何よりも子どもの成長を第一に考える」という確固
　　たる信念を持てば、教員間の人間関係による葛藤などは「二次的なも
　　の」と割り切り、前向きに解消できる可能性が高まる。それは、他者
　　の意見や評価を無視したり、軽視したりすることではなく、謙虚な気
　　持ちで熟慮し、その上で信念を貫くということである。

⑮　教職は、異動によって職場を変わることができる可能性の高い職業の
　　一つである。特に、高校教員は、普通高校や職業高校などの校種や、

進学校や非進学校など「学力」(人間としての能力ではない)による差も
ある。そのような現実の中でどのように自分の適性に合った職場を見
出し、「やり甲斐・生き甲斐」を感じることができるか。意にそぐわな
い「与えられた職場」で頑張り自分を成長させて順応していく生き方
もあるが、その教師なりに努力はしてみたが、どうしても適応できず
悩み・不安や葛藤などを解消できない場合は、「異動願い」を出すこと
によって「やり甲斐・生き甲斐」を見出すことが可能である。

⑯　「学校社会」を越えた「教員組合活動」への参加により、教科指導や
生徒指導だけを学ぶのではなく、学校と地域社会のつながりを意識し
て視野を広げていくことも大事なことだと体験を通して感じている教
師もいる。特に、社会科担当の教員にそのような意識が強く見られた。
教員には「政治的中立性」が求められているが、思想的に偏った考え
を生徒に押し付けるのではなく、「生きた社会感覚」をそのような活動
を通して身につけ、「討論」「対話」「新聞活用」などを取り入れた、真
に公正でリアリティーのある社会科教育の実践が大切であるという認
識に至っている。

⑰　担任としての実践・経験を積み重ね、試行錯誤する中でそれなりの信
念が形成され、「ホームルーム」の重視や「学級通信」の積極的活用に
よって、「生徒の自主性を生かした活動」を理解し支援していく余裕も
生まれる。そのような実践を通して、生徒の自立性を高めていくこと
が可能となり、「生徒の成長」を実感できる実践へと発展していくこと
に「やり甲斐」を感じている教師もいる。

⑱　「進路指導」は、教師の仕事の中でも責任のある重要な位置を占めて
いる。子ども・生徒の「人生の選択」という重要な課題に関わるとい
う意味で、教師の「人間としての総合力」が問われてくるとも言えよ
う。特に、職種の拡大や多様化した現代社会では、高校教員の「進路
指導」は一層難しさが増している。「進路指導」が上手くいき、生徒や

保護者から感謝されるとき、教師としての「やり甲斐」や充実感を感じることが体験談の中に綴られている。

⑲　最近では、「教職のマイナス面」として「部活指導」の大変さが強調されているが、本書で取り上げられた教師たちは「部活指導」に熱心で、「やり甲斐・生き甲斐」を感じてきた。自ら望んで積極的に関わり、生徒や保護者からも信頼され、「生徒指導」の面でも成果を上げてきた。
　　「部活指導」についても適材適所や個々人の事情を十分配慮しながら分担させるべきことが示唆されている。教師の数が足りないのであれば、すでに指摘されていることではあるが、地域の人たちの参加・協力もこれまで以上に求めていく必要があると思われる。そのことは、教師から「部活の指導を奪う」ことではないということは当然のことであろう。

⑳　「教員生活」の満足度や成否は、教師自身の家族との関係が重要であることは言うまでもない。独身なのか、核家族なのか、三世代家族なのか、といった家族形態も重要な条件になるが、それ以上に家族の理解や支えが必要になると思われる。多忙な中で家族を大切にしながら「教員生活」を送るのは大変な面もあると思われるが、それなりの両立を実現することが充実感や満足感にとって重要な条件の一つになっていることが窺われた。「家族の大切さ」を理解し、自ら実現している教師でなければ、子ども・生徒にそのことを強調しにくいという「説得力」の問題もあるように思われる。

㉑　今回の論稿を読ませてもらうと、教師には、子どもと「遊ぶ力」も有効な資質になると考えられる。特に、小学校段階では、こども・生徒たちと遊ぶことで本来の子どもの姿が理解できる。関係が親密さを増すことで、子どもの心が教師に対しても素直に開かれていく可能性が高まっていくことが読み取れた。聖人君子的な近寄りがたい「教師然」とした型にはまった教師は今の子ども・生徒たちには敬遠されるので

あろうか。「親しみの持てる教師」が支持される傾向が一層強まったように感じる。「親しみの中に教育力」を秘めた(備えた)教師が求められているのであろう。

㉒　これまで観てきた事例から、赴任校が希望校種(小・中・高校)でなくても、「教員生活」を重ねていくうちに意識が変わり、前向きな気持ちになれることが示された。「気持ちの切り替え」が色々な契機(転機)によってなされ、「教員生活」が楽しくやり甲斐を感じるものになるということである。そこでも、子ども・生徒の存在や子ども・生徒との関係の在り方が大きく関わっており、前向きで積極的な意識をもつことで「やり甲斐」を感じる可能性が高まることが確認された。

㉓　「教師人生」は、「教職在職時」と「退職後の人生」において、他の職業以上に「連続性」が感じられる。緩やかな、あるいは細やかな「連続性」であっても心温まることが多いように感じられた。「教員生活」に前向きに適応し努力した教師にとって、そのような想いは、「私の宝物」と表現されるような貴重な経験として心に強く残っている場合もある。

㉔　教師になる前の人生において、強い関心や好奇心を持って夢中になるものがあり、その楽しさが教師になる時にも、教師になってからも継続している場合は、その人の「教員生活」が楽しく充実したものになる可能性がとても高いことが窺われた。「教員生活」は、その人なりの「積極的な好奇心」が生かされる場としても機能していると言えよう。

㉕　学校教育においては、「教師の一言」が生徒の成長のきっかけにとなることはこれまでも色々なカタチで指摘されてきた。今回の事例の中には、「生徒の一言」が教師の成長に深く関わることがあるということが強く印象付けられた。
　　そのためにも、「生徒の一言」の意味・意義を感じ取ることのできる

　　　繊細な感性も教師の重要な資質となるように思われる。

㉖　事例の中の教師たちの多くは、「子ども・生徒に寄り添う」ことを大事
　　にし、それぞれの仕方で体現している。子ども・生徒たちもそのよう
　　な教師の姿勢・心情を敏感に感じ取り、素直に「心を開く」ように変
　　化していく様子が読み取れた。
　　　学校段階、子ども・生徒を取り巻く環境、問題行動の種類、子ど
　　も・生徒の意識の変化などを考慮に入れた「寄り添う」ことの具体的
　　な意義を追究し、共有していくことが一層求められているように思わ
　　れる。

㉗　教師の「まなざしの優しさ」が学級全体に注がれ、特に問題を抱えた
　　生徒に対する教師の「厳しさ」を示しながらも、「まなざしの優しさ」
　　が具体的な実践の中で他の生徒たちにも認識されるようになると、学
　　級全体に支え合い励まし合うような雰囲気・状況が生まれる可能性が
　　高まることが確認された。問題設定や文脈も異なるが、それとは真逆
　　の『まなざしの地獄』（見田宗介・河出書房新書 2008 年)の中で描か
　　れたように、周囲の人々の「まなざし」が人の心を蝕み、絶望へと追
　　い込み、問題行動に走ることもある。人間形成の基礎を創る重要な時
　　期の学校生活の中で、生徒がこのような「まなざしの優しさ」を経験
　　し、自らも体現できるような「学級文化」を創造していくことを「教
　　師のやり甲斐」の一つとして感じている教師たちもいる。

㉘　「教育は創造的な営みだから興味深い」という言葉から推測されるよ
　　うに、教師の仕事は「創造的側面・要素」が魅力の一つになっている。
　　　例えば、同僚(校長を含む)からの助言・示唆や「失敗体験を含む自省
　　的実践」の中で生み出される創意工夫が創造的な営みとなり、想像以
　　上の成果をもたらすことがあり、そのことが教師の喜びとなることも
　　明らかにされた。また、「生徒と共に創る」実践の中に創造的な実践の
　　果実が実ったときの喜びはかけがえのない喜びとなるようである。

これまで、「私の教員生活」というテーマで綴られた教職経験者の方たちの貴重な体験的「教員生活」論を基に教師人生の「魅力」（やり甲斐・生き甲斐など）を筆者なりに抽出して考察し、箇条書き的にまとめてきました。「問題を抱えた学習困難児・生徒」から「優れた可能性を秘めた意欲的な生徒」の教育・指導まで幅広く綴られており、喜怒哀楽を含むリアルな「教員生活」の中に色々な発見があり、貴重な知見も数多く得られました。最初の「問題意識」のところで仮説的に示した「生徒と共に創る人生」こそが教師の「生き甲斐・やり甲斐・楽しさ」の中核をなすということも、具体的に例証されたように思います。

　また、教師自身の生育歴について言及されている事例もあり、そのことが「教師としての教育観・教育実践・生き方」などに色濃く反映されているという興味深い具体的な知見も得られました。教師は「単なる教える機械」ではなく、経験を通して培われた「人間力」が重要であるということが改めて確認できたように思います。

「教職の魅力」（やり甲斐など）を引き出す条件・要因

　この第三章を締めくくるに当たって、「教職の魅力」（やり甲斐・生き甲斐など）を引き出す条件や要因について、これまで観てきた「体験的教員生活」論を踏まえながら、重要と思われる６点に絞って指摘しておきたい。

①　「生徒の成長」と「教育愛」の問題

　　これまでの事例全体を通して先ず浮かび上がってきたのは、子どもが好きであり、子どもに対する愛情が「教育愛」というカタチで表れていることである。ここでいう「教育愛」とは、子どもに興味・感心があることを前提として、「子どもの発達する可能性を愛する」ことです。それは、ただ子どもが可愛くて愛情を注ぐというだけではなく、「発達・成長する可能性」を信じて情熱をもって対峙する厳しい愛のことである。

　　子ども・生徒に寄り添うそのような愛が子どもに感じられ、受け入れたとき、子ども・生徒の心が教師に対して素直に開かれ、相互に理

解し合えるコミュニケーション的心性も芽生え、子ども・生徒の成長する可能性が高まっていくという愛である。そして、教師には、何よりもそのことによって「生徒の成長」を実感できる喜びがある。

　改めて、そのような事例を挙げて事細かく紹介することは紙数の関係から省略しますが、今回の「私の教員生活」の中に色々なカタチをとって観られ、そのことが、「教師のやり甲斐」と深く関連していることが窺える。

②　「同僚性」をめぐる問題

　同じ学校現場で仕事をする仲間との関係を「同僚性」という概念(言葉)で考えてみると、教師の魅力(やり甲斐など)と間接的である場合が多いが、色々関係していることが分かる。職場の同僚は、事例の「私の教員生活」の「その五」・「その七」・「その八」・「その九」に観られるように、教師としての仕事に迷いが生じたり、あまり自信が持てない場合には、身近な「準拠集団・準拠人」として機能している様子が描かれていた。特に、信頼できる先輩の同僚教師(校長も含む)の存在は、直接的・間接的な影響力があり、教師の成長にとって貢献していることが具体的な事例を通して示された。

　「同僚性」については、「順機能」(その組織の維持・発展にとってプラスの作用を及ぼす機能)的な側面ばかりではなく、場合によっては「逆機能」(マイナスの作用)的に機能する場合もないわけではない。事例の「その二」の中にも「同僚との葛藤問題」が具体的に綴られていたが、他の事例の中にもそのことに触れているものもあった。そこでの葛藤・悩みをバネにして成長するか、挫折して退職するか、という二者択一の問題のようにも思われるが、「教師の魅力」を実感して「教員生活」を送ってきた教師たちは、前者のように思われた。孤立無援の状態では難しい問題だと思われるが、同僚の中にその教師を理解し、支持してくれる教師が存在すれば、克服できない課題ではないということも示唆された。

③　「教員の人事異動」をめぐる問題

　　自分の興味・関心にあった職種を選択し、その働く職場がなるべく
楽しく「やり甲斐」のある場所であって欲しいと願うのは当然のこと
である。

　　今回の「私の教員生活」という事例を読ませてもらうと、「教員の人
事異動」という問題が、そのことに深く関わっていることが窺われた。

　　「人事異動」の結果として自分に合った「やり甲斐」のある学校に
配属されたり（「その一」「その九」など）、希望していた最適の学校に
異動出来たり（「その四」など)することによって、教師としての「や
り甲斐」が増幅される場合がある。たとえば、「自分の学校体験」が生
かされたり、「水を得た魚のように」生きいきと「やり甲斐」を感じて
活躍する様子が綴られた事例の中にそのことが確認できた。

　　ただ、「人事異動」の希望がかなわないケースも観られたが、そのこ
とによって挫折や無力感を抱いて意欲を失うのではなく、結果的には、
現状のカタチの中に「自分に合った姿」を見出し、「前向きに努力」し
ていく中で「やり甲斐」を感じて成果を上げていった事例も観られた。

　　「教員の人事異動」は、個人的な興味・関心と公的(教育行政的)な判
断が必ずしも合理的に折り合いが着くとは限らない。「人事異動」は、
それぞれの学校の教員構成や問題状況などの観点からもなされるので、
無条件で個人の「やり甲斐」を増幅させるものとは断言できないのは
当然であろう。

④　「保護者・地域住民の理解・支持と協働」をめぐる問題

　　教師の「やり甲斐」に関係していると思われる重要な要件の一つに、
「保護者・地域住民の教師に対する理解・支持と両者の協働」の問題
が事例の中に読み取れることができた。

　　特に、「教育困難校」と言われるような学校や問題行動が繰り返され
る生徒を抱える学校の教師にとって、このような問題は重要な条件・
要件になっていると言ってよいであろう。事例の「その二」では、「授
業の成立」が課題になっていた学校での授業実践が保護者の一人に認

　められ、受け入れられたことに対する教師の喜びや自信が述べられている。また、地域の中での生徒の問題行動の指導についても、熱心に「歩き回る姿」が地域の人々に認められ、「感謝の言葉」をかけてもらえるようなったことに対する嬉しさや「やり甲斐・生き甲斐など」が率直に語られていた。

　また、探究的な「総合学習」などにおいては、生徒たちが自ら校区内の地域に出かけることもあり、そこでの地域住民の理解・支持と協力が学習成果を左右することもあることが窺われた。（「その七」）そのような活動が地域住民にも認められ、評価されるようになると、住民からの自主的参加・協力も見られるようになり、教師の「やり甲斐」に繋がっていくようである。

⑤　**「教育実践」の「見直し・振り返り」としての「外部研修」をめぐる問題**

　そのきっかけは様々であるが、「内地留学」・「カウンセラー研修」・「海外研修」などによる自己の「教育実践」の「見直し・振り返り」などが、新たな「やり甲斐」の創出に繋がっていく事例も観られた。（「その二」「その五」「その六」「その八」）

　そのような「学び直し」によって、自己の実践の裏付けを得て自信を深めたり、これまでの実践を深く反省して、新たな挑戦を始めたり、専門的な知識・技術を習得して実践力を高めて「やり甲斐」を増幅させているように感じた。

　どのような「外部研修」が相応しいのか、そのことを十分見極めながら、また、その教師の置かれた状況にも十分配慮しながら実施していくことが求められているといえよう。

⑥　**「退職してもなお人生に彩り」という問題**

　「教師の魅力」（喜び）の一つに、生涯にわたって続く卒業生との絆や交流が挙げられる。これまで観てきた事例の中にもそのことが十分に読み取れることができた。

　自分が情熱を傾けて打ち込んだ実践が、生徒に受け入れられ感謝の

気持ちを引き出した場合などは、そのような感情が卒業後の良好な関係に繋がっている様子が述べられていた。特に、問題を抱えた生徒との心に残るような交流や葛藤などを経験した場合は、「涙の結婚式」（事例「その二」）や「生徒からの手紙」（「先生がいたから今の私が在る・・これからは社会人として・・しっかりと目標を持って一歩いっぽ前進していこうと思います。そして、いつの日か立派な社会人になって胸を張って先生に会いに行きます。楽しみにしていて下さいね。本当にいろいろお世話になりました。ありがとうございました」（事例「その九」）。

　以上のような事例の他にも、「卒業後の成長や活躍などを見聞するにつけ教師冥利に尽きる」と喜んでいる様子や、「卒業生と今でも酒を飲みながら交流の場を設けて楽しんでいる」といった様子も語られている。（「その五」）

　教師という仕事は、「生徒との苦い経験、後悔している経験」が皆無とは言えないにしても、このように生徒の生涯にまで関わる、広い意味で「生徒と共に創る人生」になり、「退職してもなお人生に彩りを感じることができる、やり甲斐・楽しさ・喜び」をその人なりに感受できる職業であるともいえよう。

⑦　**家族・同僚（仲間）など、教師の前向きで積極的な教育実践を支える条件の整備の重要性**

　特に、女教師の場合は、出産・育児などが集中する時期の育児休暇や夫や両親などの協力が大きな助けになることが具体的に示された。核家族の場合は、男性の育児休暇の活用なども重要な条件になると思われるが、保育所の条件整備などの公的・社会的要件の整備や、学校における同僚（仲間）集団の「支え合い」も一層重要な課題となる。

＜第四章＞

教職の現在と未来を拓くために
「もう一つのやり甲斐」

―「共創社会」の実現に向けた実践への期待―

　前章では、貴重な「体験」を踏まえた「教職の魅力」(やり甲斐など)を様々な角度から考察してきました。本書の意図・主旨からすればそれで目的は達成されたとも考えられますが、本章では、そのことも視野に収めながら、「教職の現在と未来を拓くために―『共創社会』の実現に向けて―」という観点から、「生徒と共に創る人生」における教師にとっての「もう一つのやり甲斐」について考察してみたいと思います。

<h2 style="text-align:center">「共創的感性」の醸成へ</h2>

　あえてそのような問題を取り上げる理由は、現在とこれからの社会における学校や教師には、「共創社会」を創造していくための基本的資質としての「共創的感性」を子ども・生徒の中に醸成していくという重要な役割が課せられていると思うからです。

　また、本書は、高橋均も指摘しているような、「社会を創る仕事でもある教職に就こうとしている人に、社会と教育の間に横たわる矛盾や課題を直視し、問題解決に向かおうとする姿勢が涵養されなければ、既存の社会と教育は、問題を抱えたまま、ただ再生産を続けていくことにならないだろうか」(高橋均編著『創造力を拓く教育社会学』東洋館出版社 2019 年 5 頁)という主張とほぼ同じ考えに基づいている。つまり、どのような社会を目指すべきなのか、という主張・理念をもってその人なりに努力することが、「確かな方向性を内包」した教育実践を生み出すことになり、「生徒と共に創る人生」が一層「やり甲斐のある充実したもの」になり、社会と教育にとっても意義深いものになると考えられるからである。もちろん、これまで紹介してきた「私の教員生活」論の中にも、断片的ではあるが、そのような志向性が色々なカタチを取って観られた。ここでは、それらのことを組み込みながら、改めて、「『共創社会』の実現に向けた実践」への期待について考えてみたい。

　そこでまず、ここで課題としている「共創社会」とは何か、なぜそのことが重要な課題になるのか、ということについて少し説明しておきたい。

　これからの時代・社会の諸分野において、自立した個人の主体的で積極的な「協働」の必要性が一層高まっていくことが予想される。したがって、「個の尊厳」を踏まえた「共生」を基底に据えつつ、これまで以上に多くの分野(宇宙開

発のようなマクロな分野から、国を越えた外交・企業・官庁・政党・地方自治体・学校などはもちろん町内会や家族のようなミクロな分野)においてもより積極的な「創造的コラボレーション」(creative collaboration)が必要になるとと考えられる。ここでいう「創造的コラボレーション」とは、複数の人間・組織・国家などが、個々の単位では達成できないような付加価値を創造する協動的活動(実践)のことである。マクロレベルでいえば、例えば、「国際宇宙センターでの協働活動」に観られるように、国家や組織を超えた共同研究が進められ、一国・一組織・一個人では成し得ない「共創」による成果が報告されている。このような「マクロレベル」から「ミクロレベル」に至る「創造的コラボレーション」の先に、共創的な平和な世界・国家・社会の実現が構想されるという構図である。

『教師の四季―生徒と共に創る人生―』における「教師としてのやり甲斐」はこのような社会的側面からも考えられ、そのような自覚の下に職務が遂行されることが期待される極めて重要な使命が課せられた職業の一つだと思われる。

問題意識の原点―個人の尊厳の重視

少し迂回した議論になるかもしれませんが、筆者自身が「教育問題」に強い関心を持ち、「教育の道」を志したのは、高校三年生の時に、当時の東大教育学部教授の宗像誠也著『私の教育宣言』(岩波新書)を読んだ時でした。この本は、「教育とは人間の尊さを打ち立てることである、と私は信じる。それが『私の教育宣言』である。私はこの本でこのことをいろいろの側面から考えてみた」という書き出しから始まり、個人の尊厳が軽んじられた「戦前・戦中の教育の歴史」を批判的に捉えながら、氏が考える真の教育の在り方を色々な事例を踏まえながら提言している。その核心的な言説が「教育とは人間の尊さを打ち立てることである」という「人間個々人の尊厳の重視」である。その前提・根底には、戦争のない平和な社会の実現とう世界観が確固とした信念として存在している。そのことを前提として、その「宣言」を、1「理性の面から」、2「感情の面から」、3「意志の面から」という3点から説明している。紙数の関係から詳しくは紹介出来ないが、その提言の主旨について触れている部分だけ引用しておきたい。

「私は、人間の尊さということを若い世代の心の中に打ち立てるには、理性の教育と感情の教育と意志の教育とを考える必要があると思う。・・それは次のよ

うな含みなのだ。まず、若い世代が人間の尊さということを理解、ないしは認識しなければならないということはいうまでもない。若い世代は、それを何よりも大切なものとして尊重する気持ちを持たなければならない。そういう感情によっていわばひたされて、満たされていなければならない。さらに、人間の尊厳を確立することに積極的な意欲をもち、その実現のために行動する、場合によっては、そのために身を挺する、という意志を持っていなければならないのである。それが実践を律する最高の規準にならなければならないと思うのである」（127 頁-128 頁）。

　以上のような輪郭をより正確なものにし、その細部まで描き込む、すなわち、一方では各教科にまで詳細化し、他方では子どもの発達段階に応じて具体化する、というような構想を述べている。教科の中では特に社会科が中心になると考え、少しだけ具体的な提言もしている。宗像誠也は教育行政学者なので、細事にわたる具体的な提言はあまり期待できないのは当然であり、専門分野を越えた協働的な研究・実践の中で発展していくことを期待していたと思われる。少なくとも筆者自身はそう考えてきた。ただ、「社会科」がその中心になるというような主張に特に異論はないが、それ以前に、「読み書き」（読解力・表現力)という最も基礎となる「確かな基礎学力」を身に付けさせる教育が重要となることをあえて付言しておきたい。何故なら、「人間の尊さを打ち立てる」ための教育を発展的に実践して具体的な成果を上げるためには、「確かな基礎学力」としての「読み書き・表現力」の能力をそれぞれの子どもの能力に応じて保証していくことが重要となるからである。換言すれば、それぞれの子どもの「生きる力」の基礎となる重要な課題となるからである。言うまでもなく、そのような「基礎学力」は「各教科」と完全に独立して存在しているわけではなく、各教科を学ぶ中でも強化されていく可能性のあるものである。

　また、先に引用した文章の最後の部分で、「人間の尊厳を確立することに積極的な意欲を持ち、その実現のために行動する、場合によっては、そのために身を挺する意思を持っていなければならない」「それが実践を律する最高の規準にならなければならない」と若い人に呼び掛けているが、そのことは、現職の若い教師や教員志望者に最も当てはまる提言のようにも筆者には読み取れた。

　わが国の戦前・戦中の皇国史観や帝国主義的な考え方に基づいた臣民教育(忠

君愛国)において個人の尊厳が無視、ないしは軽視されてきた事実からの反省的言説・主張・提言には合理性があり、重要なものとして受け入れることができた。「私が、人間の尊厳の確立が教育の最高の任務だ、と信じているのは、こういう歴史の環境の中に生きているからである」と氏が述べているように、その主張が、抽象的で具体性に欠ける提言であるという批判的な評価があったとしても、その時点での心情から発せられた言説として理解できるように思われる。

　この『私の教育宣言』が1953年に出版されて以来、約65年が過ぎた。我が国の学校教育は、憲法・教育基本法の下に基本的には個人を尊重する方向で発展してきたと観ることもできよう。前章で観てきたように、子ども・生徒の個性を尊重し、「寄り添う」教育実践が展開されている事例も多く見られた。また、斎藤喜博をはじめ、子どもの個性・尊厳を重視した実践記録も少なからず公にされてきた。

教育病理現象と社会不安の増大

　しかしながら、教師個人や優れた同僚集団の熱心で「教育愛」に満ちた実践が成果を上げてきた一方で、「不登校」「いじめ」「校内暴力」「非行の低年齢化」など、いわゆる「教育病理現象」などといわれる問題が少なからず生じてきたことも事実である。学校外の社会においても、近年は「詐欺的行為」「暴力的犯罪」などが頻発し、社会不安が増大している。世界に目を向けると、戦争・局地的紛争などがいまだに存在し、軍拡競争も収まる気配が全くない現状にある。地球規模の自然破壊も進み、そのことによる弊害も深刻化してきている。人種差別や経済的格差などが起因する子どもの飢餓状態も存在し、全ての人間・子どもたちの個人の尊厳が尊重され平和で幸せな世界が実現しているとは言えない。

　宗像誠也が理想とした「人間の尊さを打ち立てる」とした社会には程遠い現実が存在していると言ってよいであろう。氏も指摘したように、このような理想は教育のみによって実現することは不可能である。そのような理想を実現していくためには、平和な世界を前提とした、政治による社会制度や教育制度などの構築が不可欠であるのは改めて指摘するまでもないことである。

　ただ、社会制度や教育制度の構築は政治の力によるところが大きいのは事実であるが、そのような制度を実質的に担うのは言うまでもなく人である。その人間

的資質の基礎を創るのが教育であり、学校教育がその役割を担っていることも疑いのない事実であろう。

　そのような認識を踏まえた上で、これからの学校教育や教師の役割を考えると、先に少し触れたように、「共創社会」の実現に向けた教育のあり方が重要な課題となるというのが筆者の認識である。繰り返しになるかもしれないが、前章で観てきたように、このような困難な時代においても、そのような教育実践の中には、「共創社会」の創造につながる重要な方向性を内包しているものも多いと思われる。そのことは、前章で紹介した「私の教員生活」における教育実践の事例の中に十分読み取れることができた。現実の世界や社会の現状や動向を考えると、極めて難しい課題であることは間違いないが、現実の合理的な課題にも応えながら「理想を掲げて着実に歩みを進める」ことが、学校教育の永遠の使命であると考えるならば、そのことに真摯に愚直に挑戦し続けるしかないのではないか。

「私の教育宣言」

　不遜ながら、宗像誠也に倣っていえば、一人ひとりの個に応じた基礎的な「確かな学力」を保証するという前提を踏まえた上で、「人間の尊厳を打ち立てながら、その人なりに自立した人間の共生に基づいた共創社会の実現に向かう教育実践こそが重要である」というのが、筆者自身の『私の教育宣言』である。更に付言するならば、「人間の尊厳の確立」と「共創的実践(生き方)」は相互に影響し合いながら発展(弁証法的発展)していくものである、というのが筆者の基本的認識(立場)である。「自立」度も「共創」の様態も固定したものとして捉えられるものではないと考えている。

　このような究極的な理想世界・社会・組織などを実現していくには、理想を掲げて意図的に教育に関わる学校教育がその中心的・基礎的な部分を担い、その役割を果たしていくことが求められている。極めて難しい課題ではあるが、多くの子どもたちが経験する学校教育という場を「共創社会の雛型」になるべく近いカタチで実現し、生徒の中に「共創的感性」を育てていく実践が求められていると言えよう。

　本書は、「共創社会」の実現に向けての学校教育や教育実践の具体的在り方について論じる場ではないのでこれ以上の言及は出来ないが、そのことについては、

すでに、拙著『共創社会の教師と教育実践―「教師と教育実践」論への教育社会学的視座―』(学文社、2013年)中である程度言及している。

また、「共創社会」という概念は使われていないが、森　透著『教育の歴史的展開と現代教育の課題を考える―追究―コミュニケーションの軸から』(三恵社、2020年)は、その中で取り上げられている大学・大学院の改革実践例の中に「協働」という概念がキーワードとなっており、「共創社会」の実現を目指す実践にとって貴重な具体的な示唆を得られるものとなっている。

「私の教員生活」論にみられる「共創的実践」への注目

本書は、これまで考察してきたように、「教師の四季―生徒と共に創る人生」をテーマにした「教師という職業」を生きてきた人たちの体験的教職論が中心であった。そこには、無意図的であるにせよ、ここで課題としている「共創社会」の実現に繋がる可能性を秘めた貴重な実践が色々なカタチで埋め込まれているように思われた。そこで、ここでは、「それらのカタチ」に光を当て、改めて、そのような社会の実現にとってどのような意義をもつのかを考えてみたい。そのことによって、今後の教育実践が自覚的になされていく端緒になればという願いも込められている。

① 「一人ひとりの生徒たちの個の尊厳を重視し、個に寄り添う」実践

「共創社会」の実現に向かう最も基底的で必須な条件は、一人ひとりが人間としての尊厳を認められ、尊重されることである。「個人の尊厳」とは、「人間であれば誰でも認められるもの」として、日本においては憲法や民法などに明記されているが、教育現場では「個人の尊重」という表現に置き換えて使用されることも多いと思われる。本書でも、「個の尊厳」に基づいた「個の尊重」という意味で両者をほぼ同義に用いている場合もある。少しだけ具体例を挙げて、「この尊厳を重視し、個に寄り添う」実践を再確認しておきたい。

「私の教員生活」(その一)では、「今回中学校の支援学級に入学する子は、校内ナンバーワンとナンバーツーのワルの問題児で、半端ないワルです」と申し送りされた子どもを受け入れた教師が、事例①では、心を閉ざしたままの子どもに

対して家庭訪問を繰り返したり、「心配した同級生の手紙」を持参したり、その生徒に合った個別の時間割を組んだり、対話の内容や授業の内容に工夫を凝らしたりしながら生徒に寄り添うという実践が観られた。自分を認め尊重してくれる教師と出会うことによって「素直に心を開き前向きに努力する姿勢」も少しずつ育っていく様子が窺われた。

　「生徒と真摯に向き合い、きちんと子どもの言い分を聞き取り、想像力も働かせながら子ども一人ひとりを理解していく力の大切さを実感した」と述べているように、教師自身も自らの成長を実感している。

　事例②では、通常の授業では苦痛を感じ集中出来ないような生徒に対して、遊び的要素を入れたりする工夫をしながら、その生徒に寄り添う指導をしていた。興味深いのは、支援学級に拒否的であったその生徒が、少しずつ適応し、前向きな意欲を示し、「自ら文化祭のクラス劇の主役に立候補して当選した」というエピソードの中に観られた貴重な生徒間の「協働的」現象です。台本が読めないその生徒に対して、友だちが何度も読んでやったり、相手役の女子生徒が暗記カードを手作りして何度も教え込むなど、クラスを上げての支援で何とか大役をこなすことができたという感動的な話です。「友だちの力を借りて、友だちの中で育った良い事例」であり、学校・学級は「育ち合う関係が出来ているかどうかが重要」であると教師自身も再認識している。

　このような、色々な工夫をしながら生徒に寄り添い、生徒から前向きな意欲を引き出す。そして、その生徒を仲間が支え合い、「育ち合う関係」が出来上がる。その結果、「友だちの中で育つ」という現象も観られるようになる。このような学級文化の変容の中にも、「共創社会」へ向かう実践の萌芽を読み取ることができるのではなかろうか。

　そこには、多様な他者に触れ、それぞれの存在を認め合い、障害や痛みなどを少しだけでも引き受けて協働しようとする感性が育つ場としての学校・学級文化の原初的な雛型がそれなりに観られるといってよいであろう。

　以上のような「個を尊重し、個に寄り添う」実践は、事例「その二」や「その三」にも具体的な事例が挙げられている。「その二」では、勤務した12年間の間に遭遇した「障害児学級で担当した問題を抱えた三人の生徒との大変な苦労をした交流、少年院・刑務所・地方裁判所との交渉などを経験させてくれた生徒たち、

また時々養護教諭から安定剤をもらって飲んでいた『自閉的性格異常』の生徒との交流、『緘黙児』の生徒の指導など、一口では言えない大変な苦労をした」という実践が紹介されていた。ここにも、問題を抱えた子ども・生徒たちを見捨てずに愛情をもって寄り添う教師の「個の尊厳」を重視する実践が観られる。他にも、勉強に集中できない学力の低いやんちゃな生徒を集めて実践した「吹雪の中の補習」(事例「その三」)なども観られた。紙数の関係から、他の具体例を挙げることは省略するが、ほぼ全ての「私の教員生活」の実践事例の中に色々なカタチをとって「個の尊厳」の重視が表現されているように読み取ることができた。

　「『マイナス』を『プラス』に変えていこうと努力する人づくりをすることがこの仕事(教育)の醍醐味」であり、「生徒たちとの強い絆と共に、明るい未来を創りだそうとする人づくりをすることが、まさにこの仕事の最大の使命」であり、「『生徒と共に創る人生』に喜びを感じてきたのは、そのことをモットーにして教師としての年月を積み重ねて生きてきたせいかもしれない」(事例「その五」)という述懐の中に「個の尊厳」(個の尊重)を重視する教師たちの想いを読み取ることができるのではなかろうか。

　最初に指摘したように、「共創社会」の実現に向かう基底的で必須な条件は、これまで観てきたような一人ひとりの生徒の尊厳を重視し、色々なカタチを取りながらそのことを実現していくことである。「個に寄り添う」実践はそう容易いことではない。学級規模(生徒数)も問題となり、少人数学級の実現はその意味でも重要な課題となる。しかし、困難な状況にあっても、教師が「個を尊重し、重視する」教育をその教師なりに実践することで学級全体が教師の姿勢を感じ取り、「個を尊重」する「学級文化」が生まれ、「共創的感性」の基礎が培われる可能性が高まるのではないかと思われる。

②　「生徒同士が育ち合う学級集団・仲間集団の構築」に向けた実践

　「共創社会」の実現に向けた学校教育の重要な中核・基底的な条件や課題は、そのような目指すべき社会の雛型に近い「小宇宙」を学校社会の中に実現することであろう。特に義務教育段階の小・中学校においてそのようなことが強く望まれるが、高校段階においてもそれぞれの校種に応じた多様なカタチで実現される

ことが期待される。

　そのような視点から事例を読んでみると、そのような雛型を強く意識して具体的な学校づくりをしている例は観られないが、事例「その一」「その四」「その五」「その六」「その七」「その九」などに部分的ではあるがその片鱗が窺える。

　具体的な事例「その九」を挙げながら、少しだけ検討してみよう。

　「担任としての日々の生活が『私の教員生活』の中核にあり、そこに教員としてのやり甲斐を感じていた」とする文章の後で、その当時の生徒の書いた感想文を手掛かりにして興味深いエピソード(実践)を紹介している。ここで問題にしている課題と関係していると思われるので、少し具体例を挙げて検討してみたい。

　高校に入学して初めての文化祭の合唱コンクールでリーダーとして活躍した生徒の「学級通信」に載せられた感想文と担任のコメントについて観てみよう。

　合唱コンクールに向けての練習でなかなか協力が得られず悩んでいたリーダーのA君を支えた二人の女子生徒がいた。なかなか協力が得られず焦っていたA君に対して、この女生徒の一人は、風邪をひいて熱を出しながらも声をガラガラにしながら他の生徒たちに協力を呼び掛けていた。この二人の協力が励みになり、「この二人のためにも頑張らなくては！」と、挫折しそうな心を奮い立たせ頑張る姿が少しずつ伝わったのか、リーダーたちの悲痛な叫びが伝わったのか、他の生徒たちの少しずつ協力する様子が見られるようになってきた。その結果として2位入賞という結果が得られ、それまでの苦労・努力が報われたことを喜んでいる姿があり、「どの生徒の顔も喜びに満ちている！」と綴っている。そして、リーダーがこう締めくくっている。「そうこれなんだ！僕の求めていたものは。クラスのみんなで一つのことをなし遂げた喜び、そして自信、これが高校生活じゃないか。生まれも、生い立ちも別々の人間同士が一つのことを成し遂げる・・文化祭での大収穫。みんな忘れないでほしい。そして、このことをきっかけにしてみんなでクラスを前進させていこう」

　ここに書かれている文章の中には、自立的なリーダーとそれを支えるサブリーダーが存在して、その生徒たちがクラス全体をまとめ、ある目標の実現に向かって協働していく様子が描かれている。「合唱という活動」は、指揮者と複数の歌う人がいて成り立つ協働的活動である。その合唱が素晴らしものに仕上がるためには、指揮者と歌い手の「共創」的関係・活動が必要になる。指揮者の想いや技

術(指揮能力)と歌い手の想いや技術(歌唱力など)がかみ合い、響き合い、一つの創造的世界が生まれるものだと考えられる。「質の良い合唱」とは、その根底に、両者の間に「より良い歌に仕上げたい」という感情があり、積極的な「共創」を生み出していくのであろう。

　合唱コンクールに向けたこのような活動の中に、素朴なカタチではあるが、「創造的コラボレーション」が観られ、「共創社会」実現に向けた貴重な雛型を見出せるのではなかろうか。少なくとも「共創的感性」の芽生えが感じ取れると言っていいのではないか。

　このような実践における担任教師の関わり・立ち位置も重要な教訓になっているように思われる。その担任は、「生徒たちの自主性を重んじ、場合によっては、必要以上に教師は口を挟まずに生徒の活動を見守ること。そのことの重要さを体験を通して強く再認識させられた貴重な時期でもあった」と語っている。

③　「開かれた学習意欲」「探究的学習」「総合学習」などに関わる実践

　「開かれた学習意欲」とは、与えられた教科の枠やあらかじめ決められた学習目標に囚われる(「閉じられる」)ことなく、生徒の問題意識や学習意欲が学習の対象に対して「開かれている」学習意欲のことをいう。それは、最初から答えが決まっている問題を解こうとする意欲ではない。究極的な理想社会としての「共創社会」を実現していくためには、そのような「開かれた学習意欲」に基づいた「探究的な学習」が重要な条件になると考えられる。小学校段階でもこのような基礎的な資質・態度を培うことは可能であり、それなりの実戦と成果も観られるが、中学校段階以上ではより具体的な実践例が観られるようになる。

　例えば、「開かれた学習意欲」が「探究的学習」へと展開していく実践は、事例「その四」の中に十分読み取ることができる。特に、長期休暇中の生徒に課した「自由研究」の中にその成果が表れている。

　この「自由研究」は、指導教員によれば、「テーマ選びの段階から、仮説、実験や観察の方法、データのまとめ方、考察に至るまで、一人ひとりに丁寧な指導・助言を実施し、研究報告書のまとめ、研究課題の解決の過程を学ぶことを目標にしてきた」という実践である。

　このような「学び方・追究の仕方」を学ぶことは重要である。その狙い通り、

事例「その四」の記述の中にその成果が紹介されており、県レベルや全国レベルでも高い評価が得られたという報告もなされている。

　このように、個人的な「開かれた学習意欲」と「探究学習」によっても素晴らしい成長の成果は十分期待できるが、生徒一人ひとりが持つ好奇心や探究心と「生徒同士が高め合う協働的な方法」が結び付いたときに、個人のみでは達成しにくい成長・成果が期待できるということである。「その四」の中にもその成果を観ることができる。そのような協働的学習活動が生徒相互の主体的な取り組みにおいてなされることが、「共創社会」の実現を志向する教育実践の一つの理想型(雛型)といえるのではなかろうか。「共創社会」という用語は使っていないが、かつて福井大学教育学部付属中学校が、研究・実践活動の成果として著した『開かれた学習意欲を育てる—授業と学校・学級風土の改善—』(東洋館出版社)は、筆者も研究実践に関わらせてもらったので、その内容を十分理解しているが、今考えると、そのような社会の実現を目指す方向性を内包していたように思われる。

　「教育困難校」と言われるような学校を含む多様で複雑な問題を抱える教育現場では想像以上に難しい課題だと思われるが、「共創社会」の実現に向けた実践のカタチは多様であり、「共創的感性」を育む実践をそれぞれの学校で具体的にどのように展開していけばよいのか、今後の更なる実のある議論と実践が期待されているといえよう。今回の体験的事例の中にもその萌芽が観られるといってよいであろう。

終わりに
―「教師の四季―生徒と共に創る人生―」への想い―

　教育社会学研究者としての最後の著書『共創社会の教師と教育実践―「教師と教育実践」論への教育社会学的視座』(学文社 2013 年)を出版してから約 10 年が経ちました。大学教育の現場からも離れ、所属学会も退会して現在に至っています。教育問題には関心を持ち続け、研究的な仕事もそれなりにしてきましたが、研究論文や著書を著すこともなく過ごしてきました。

　ところが、これまで繰り返し述べてきたように、最近になって、学校や教師の問題が深刻な問題として過剰と思わるほどに批判的に論じられる中で、教員志望者が減少傾向にあると指摘されることが多くなってきた現状に危惧の念を強く抱くようになり、細やかであっても、教育社会学という学問分野に捉われず、出来る限り多様な視点から、私なりに何かを発言したいという気持ちが湧いてきました。そのような動機の背景には、次のような想いもあったからだと思います。

　私の研究室の指導学生を含む多くの卒業生が教職に就き、それぞれが教師になることに、また、教師になったことに「やり甲斐・生き甲斐・喜び」を感じて頑張ってきた様子をとても嬉しく感じてきました。

　また、一方で、これまで一緒に共同研究をしてきた同志であり、仲間でもある先生方(小・中・高校の教員)の「学校教育に懸ける情熱」に感服し、色々な面で刺激を受け、多くのことを学ぶことができた研究生活でもありました。

　このように、現在でも交流のある、私自身が身近に接してきた多くの卒業生や先生方の「私の教員生活」は、それなりの苦労や悩みがあったとしても、「前向きで、楽しそうで、やり甲斐・生き甲斐」を感じているような様子でした。現在でもそのような印象に変わりはありません。

　本書の目的の中核的部分は、「まえがき」や「本書の問題意識」のところですでに述べたように、「教職の魅力(やり甲斐・楽しさなど)を「教員経験者」の先生方に綴っていただき、それらを集約して「教員生活」の魅力的な要素を抽出し、私なりに考察することでした。そのことによって、教員志望者や教員志望に戸惑い・ためらい・不安などを抱いている学生や若い教師たちの「背中を押す」もの

になればという強い願いがありました。また、その他の現職の先生方や退職された先生方にとっても意義のあるものとなるような願いを込めて作成したつもりです。

　このように、最初の動機は、国内の学校や教員問題に絞ってこの本の出版を構想しましたが、すでに述べたように、本書をまとめる過程において、世界的な「戦争や紛争」の問題や国内の時代に逆行するような問題状況や認識状況がいっそう深刻化してきたように思われたので、少し視野を広げて論じる必要性も感じるようになりました。

　そのような状況の深刻化の中で、武力・暴力によって保たれるような危うい平和な世界・社会の実現ではなく、対話や協働(共創)に基づいた実践活動によって平和な社会を実現していくことこそ現在と次世代への責任を果たすことになるという考えが一層強くなりました。そのような状況認識が一層深まる中で、人々の共生に基づいた「共創社会」の創造による「平和な世界・社会の実現」や「差別・偏見のない個の尊厳を重視した誰もが幸せに感じられるような社会」の実現に向かって学校や教師はどのように貢献していけるのか、という問題意識も強くなりました。本来、学校教育や教師の使命として、理想社会の実現・創造に向かって「教育分野」を通じて社会的に貢献することが期待されている。そのような想いもあって、『教師の四季―生徒と共に創る人生』という本書の中に「教師のやり甲斐」の「一つとして」そのような問題も組み込ませてもらいました。

　したがって、本書は、教員経験者が綴る「私の教員生活」の中に込められた「喜怒哀楽」を内包した体験的・実感的「教師としてのやり甲斐・生き甲斐」と、これからの社会で一層求められてくると思われる「共創社会」の創造を志向した「社会的・教育的使命」を担うという「やり甲斐・生き甲斐」の両面から構成されています。前者については、「教員経験者」の貴重な体験に基づいたものであり、後者は、筆者が長年にわたって構想してきた理想論的な主張であります。したがって、同列には論じられないものでありますが、あえて加えさせてもらいました。ただ、両者は次元が異なる面があるとしても、「生徒と共に創る」という理念・理想においては共通していると考えています。

　最後になりましたが、この本が私の構想通りにまとめられたのは、貴重な体験的「私の教員生活」論を多忙など色々困難な問題を抱えた中で綴っていただいた

「教員生活」経験者の方々のお陰です。改めて深く感謝申し上げます。

　また、本書の出版を快くお引き受けいただき、行き届いた丁寧な制作に当たっていただいた三恵社の木全俊輔社長と関係者の皆様に対して心よりお礼を申し上げます。

　姜尚中は、『悩む力』という著書の中で、「自分でこれだと確信できるものが得られるまで悩み続ける。あるいは、それしか方法はないということを信じる」と述べています(集英社新書 2008 年 109 頁)。「それしか方法はない」と断言出来るかどうか別にして、後で後悔しない程度に「悩み、確信を得るまで努力をする」ことは重要だと思います。悩み・戸惑い・不安を抱えている教員志望学生や現職の教師の皆さんにとって、この小著がそのための少しでも参考になればと願っています。

主な推薦図書(順不同)(―戸惑い悩んでいるあなたへ)

宗像誠也　『私の教育宣言』(岩波新書 1958 年)

水上　勉　『働くことと生きること』(集英社文庫 1982 年)

斎藤喜博　『斎藤喜博全集全 30 巻』(国土社 1969―1984 年)

石川啄木　『雲は天才である』(講談社文芸文庫 2012 年)

林　竹二　『学校に教育をとりもどすために―尼工でおこったこと』
　　(筑摩書房 1980 年)

石川達三　『人間の壁』(岩波書店 2001 年)

長島貞夫編　『職業としての教師』(金子書房 1982 年)

市川昭午編　『教師＝専門職論の再検討』(教育開発研究所 1986 年)

朝日新聞社編　『ほんとうの教育者はと問われて』(朝日選書 1971 年)

国分一太郎　『君ひとりの子の師であれば』(復刻版・新評論 2012 年)

灰谷健次郎　『兎の眼』(新潮社 1984 年)

藤田英典　『子ども・学校・社会』(東京大学出版会 1991 年)

藤林春夫　『ほら、こんなにも美しい世界が―ある緘黙児教育の記録』
　　(信毎書籍出版センター1993 年)

佐伯胖・藤田英典・佐藤学編　『学び合う共同体』(東京大学出版会 1996 年)

天野郁夫編　『教育への問い』(東京大学出版会 1997 年)

佐藤　学　『教師花伝書―専門家として成長するために』(小学館 2001 年)

由布佐和子編　『教師の現在・教職の未来―明日の教師像を模索する』
　　(教育出版 1999 年)

姜尚中　『悩む力』(集英社新書 2008 年)

志水宏吉　『公立学校の底力』(ちくま新書 2008 年)

武内　清編　『子どもと学校』(学文社 2010 年)

綾目広治　『教師像―文学に見る』(新読書社 2015 年)

ルイス・セプルベダ・河野万里子訳　『カモメに飛ぶことを教えた猫』(改版)
　　(白水社 2019 年)

参考図書

名越清家　『共創社会の教師と教育実践─「教師と教育実践論」論への教育社会学的視座』(学文社)2013 年

森　　透　『教育の歴史的展開と現代教育の課題を考える─追究─コミュニケーションの軸から』(三恵社)2020 年

福井大学教育学部付属中学校著『開かれた学習意欲を育てる─授業と学校・学級風土の改善─』(東洋館出版社)1985 年

著者略歴

名越　清家（なごし　きよか）

1943 年	東京都八王子市生まれ
1973 年	東京大学大学院教育学研究科博士課程教育社会学専攻退学
1973 年	大阪大学人間科学部教育社会学講座助手
1977 年	福井大学教育学部助教授(教育社会学)
1987 年	福井大学教育学部・大学院教授
2009 年	福井大学教育地域科学部・大学院教授(定年退職)
2009 年	福井工業大学教授(教養部・教職課程担当)
2013 年	福井工業大学教授・学生センター長(定年退職)

主な社会活動

福井県教育委員　福井県 NIE 推進協議会会長　福井県社会教育委員の会議議長など

主な著書・論文

『共創社会の教師と教育実践―「教師と教育実践論」論への教育社会学的視座』(学文社 2013 年)

『放浪する我が心の旅路』(短歌集・第一集・第二集・2020 年)

『教育社会学』(共編著　日本教育図書センター　1988 年)

『現代社会の教育構造』(共編著　学術図書出版社　1981 年)

『教育と学校』(共編著　学術図書出版社　1986 年)

『教師教育の連続性に関する研究』(共編著　多賀出版　1989 年)

『学校改善に関する理論的・実践的研究』(共編著　ぎょうせい　1990 年)

「現代教師の階級帰属意識と教師をめぐる諸問題」(『大阪大学人間科学部紀要』2 巻 1975 年)

「現代の教師集団」(新井郁男他編『現代学校の構造』東京大学出版会 1976 年)

「教職観と現代教師の役割」(近藤大生他編『現代社会と教育』福村出版 1984 年)

「中学校教員の役割不適応兆侯とその関連要因の検討」(日本教育経営学会紀要　1986 年)

「教師はどうつくられるか」(天野郁夫他編『学校を問い直す』有信堂　1985 年)

「国立大学における教員養成カリキュラムの改善をめぐって」(日本教育経営学会紀要 1990 年)

「変容する『高齢者の生活世界』と生涯学習」(日本教育経営学会編『生涯学習社会における教育経営』
　玉川大学出版部　1990 年)

「道徳教育と教師」(皆川卓三他編『新道徳教育の研究』柴峰図書　1991 年)

「教職＝専門職論の総括への視座」(木原孝博他編『学校文化の社会学』福村出版)1993 年)

「教育実践と教育社会学―教育社会学的研究のアクチュアリティー」(『日本教育社会学会紀要』1999 年)

「教員養成の再編成と再教育」(『日本教育経営学会紀要』　2001 年)

「教育実践論への社会学的視座と可能性に関する一考察」(福井大学紀要 2009 年)

「学力問題の脱構築と今後の課題に関する一考察」(福井大学教育地域科学部紀要 2009 年)

『『理科離れ』問題に関する一考察」(『福井工業大学紀要』2009 年)

『『臨床教育社会学』の胎動と可能性に関する一考察」(『福井工業大学紀要』2010 年)

教師の四季　生徒と共に創る人生

2023年 9月 20日　　初 版 発 行

著　者　　名越　清家

定価 1,705円(本体1,550円+税10%)

発行所　　株 式 会 社　三 恵 社
〒462-0056 愛知県名古屋市北区中丸町2-24-1
TEL 052 (915) 5211
FAX 052 (915) 5019
URL http://www.sankeisha.com